みんなが主役になれる
バレーボールの授業づくり

〔著〕
福原祐三
鈴木　理

大修館書店

まえがき

　本書は、小中学校の体育授業でバレーボール（型ゲーム）の学習指導を担当する教員、ならびに教員をめざす学生を主な対象としています。

　学校教育のあらゆる教科指導に共通して言えることは、その授業を受けるすべての子どもたちに当該の学習内容習得を保障しなければならないということです。体育授業の場合、子どもたちに運動の楽しさや喜びを味わわせたいと願うのは、どの教員にも共通した思いでしょう。

　このことは、選手を高度なパフォーマンス発揮に向かわせる「コーチング」によっては達成されません。これまでに、いわゆるチャンピオンスポーツの範疇から球技の各種目の指導について論じた著作は数多く出版されてきました。しかし、そこで主にめざされるのは、「より強く」あるいは「より速く」といった「勝利のための方程式」を作り上げることであって、必ずしも体育授業に当てはまるものではありません。なぜなら、体育授業を受ける多くの子どもは対外試合に出場して勝利することをめざしているわけではありませんし、そもそも体育授業はチャンピオンを生み出すことを目的としていないからです。ボール運動（小学校）や球技（中学校）の授業では、多くの場合、ゲームがその中心的活動となります。ここで学習内容を習得させようとすれば、すべての子どもに「ゲームへの有効な参加」を保障することが重要な問題となります。

　ところが、従来、球技（ボール運動）が「集団的スポーツ」であることをもって、半ば自動的に「協力」や「協調」などの社会的行動目標が達成されることを期待する風潮があったことは否めません。また、学校の年間計画を踏まえれば、球技に配当される授業時数は限られてきますが、その大半が技能向上のための練習に費やされ、球技の醍醐味であるゲームでの競争場面は単元終盤にわずかに設定されるだけ、といった授業実践も少なくありませんでした。

　これとは逆に、はじめにルールを概説して後はゲームで流す、といった授業も問題です。そこでは、表層的な「面白さ」や「取っつきやすさ」に依存するばかりで、もっぱら低次元の（「有効な参加」が保障されない）ゲームが繰り返されることになります。

　いずれにせよ、ゲームの本質、つまり「そのゲームでは何が競い合われているのか」を精緻に見つめ直して文化的意義を確認するとともに、すべての子どもがその競い合いに有効に参加できる（文化的価値を享受することができる）よう、周到に手だてを講じていくことが緊急の課題となっています。

　そこで本書では、まず、各種球技におけるゲームの構造を押さえ、そこから導かれる教育的価値を踏まえた上で、バレーボール（ソフトバレーボール）の授業でめざすべきゲームの姿を描き出していきます。次に、そのようなゲームへと接近するための段階的・系統的なステップを設定します。各ステップでは、「課題ゲーム」──戦術的課題を誇張した「修正ゲーム」──を中心とするプログラムを準備し、子どもの主体的条件に見合った学習課題が豊富に経験されるよう配慮しています。

　なお、そこでは新たな技術の習得が必要となる場面も出てくると思われますが、子どもたちにしてみれば、そのような技術は「ゲームの文脈に意味づけられた」技術であって、その習得には必然性が伴っています。たとえば、「バレーボールの基本はパスだから（つ

まり、パスをすることになっているから)、パスの練習をする」のではなく、「ゲームのこのような場面で、このような攻め方(守り方)をする際に、このようにボールを扱う技術が必要だから、そのためのパスができるようにがんばろう」ということになるのです。

　くわえて、本書は、実際の学習指導場面に直面する教員にも大きなメリットを提供します。通常、すべての子どもがあらかじめスポーツに動機づけられているわけではないし、技術習得の前提条件となる「類似した運動の経験」を豊富にもっているわけでもありません。また、たとえ日常生活やメディアを通して当該のゲームについて何らかのイメージをもっているとしても、それが「ゲームの本質」を捉えたものであるとは限りません。

　そのような状況でボール運動(球技)の授業を展開しようとするとき、多くの教員は「何を」、「どのように」指導すればよいのか、たいへん戸惑うことでしょう。このようなときにこそ、本書が準備するプログラムが真価を発揮します。ここには、授業で子どもたちが何を学べばよいのか、またそのための学習指導をどのように展開するのかが詳細に示されています。一人ひとりの子どもやチーム、あるいは学級全体に対して技能・認識に関わる具体的なフィードバックを与えたり、説明・発問・指示を発したりする場面ですぐれた学習指導が展開されれば、すべての子どもに「ゲームへの有効な参加」を保障することが可能となります。

　以上のような願いのもと、バレーボール(型ゲーム)の授業が子どもたちに確実な学力と大きな喜びをもたらすものとなるよう、本書を企画しました。

平成 17 年 9 月 25 日
著　者

まえがき …………………………………………………………………… 3

Part I ── ゲームの面白さはどのようにして生み出されるのか

- ◇はじめに……………………………………………………………… 10
- ◇ゲームの基本的なしくみ…………………………………………… 11
- ◇ゲームでは何が競い合われるのか………………………………… 12
- ◇競い合いに勝つための課題とは…………………………………… 15
- ◇課題の解決方法……………………………………………………… 16
- ◇ボール操作や身体操作の制約……………………………………… 19
- ◇バレーボールの教材づくりに向けて……………………………… 21

Part II ── スモールステップによる教材づくり

- ◇はじめに……………………………………………………………… 24
- ◇学習指導の系統……………………………………………………… 24
- 1　ウォーミングアップ……………………………………………… 30
  - ポイント走①………………………………………………… 30
  - ポイント走②………………………………………………… 30
  - ポイント走③………………………………………………… 31
  - コーナー踏み鬼ごっこ……………………………………… 32
- 2　ステージ-1の教材づくり………………………………………… 33
  - ゴールゲットゲーム………………………………………… 33
  - [1] スキルアップ教材
    - バトンスロー………………………………………………… 36
    - おしりでキャッチ…………………………………………… 37
  - [2] ゲームのバリエーション
    - コロコロゴールゲットゲーム①…………………………… 38

3	ステージ-2の教材づくり ……………………………………… 40
	攻守連係ゲーム………………………………………………… 40
	［1］スキルアップ教材
	テニスボール投げ………………………………………… 42
	片手まりつき……………………………………………… 43
	連続壁打ち………………………………………………… 44
	アタックの基本練習……………………………………… 46
	［2］ゲームのバリエーション
	コロコロゴールゲットゲーム②………………………… 47
	ワンバウンド・パスゲーム……………………………… 48
4	ステージ-3の教材づくり ……………………………………… 50
	攻撃組み立てゲーム…………………………………………… 50
	［1］スキルアップ教材
	ブロックの基本練習……………………………………… 52
	直上アンダーハンドパス………………………………… 53
	アンダーハンドパスの応用練習………………………… 54
	ボールでござル…………………………………………… 55
	両手まりつき……………………………………………… 56
	ボールでヒット…………………………………………… 57
	壁打ちレシーブ…………………………………………… 58
5	ステージ-4の教材づくり ……………………………………… 59
	チャレンジ・バレーボール…………………………………… 59
	［1］スキルアップ教材
	サーブの基本練習………………………………………… 62
	サーブレシーブの基本練習……………………………… 63
	二枚ブロックの練習……………………………………… 64
	オーバーハンドパスのタイムトライアル……………… 65
	リズム合わせパス………………………………………… 66
	ボール転がしパス………………………………………… 67
	三段攻撃のパターン練習………………………………… 68

Part III──授業実践の事例──ドッジボールからバレーボール型ゲームへ

- ◇はじめに……………………………………………………………70
- ◇研究の目的…………………………………………………………70
- ◇方　　法……………………………………………………………73
  - 1　単元の設定
  - 2　教　　材
  - 3　データの収集と分析
- ◇結果および考察……………………………………………………77
  - 1　数量データから窺われる授業成果
  - 2　スペースアタックゲームの授業過程
- ◇まとめ………………………………………………………………83

Part IV──授業にすぐ役立つ学習資料

- ◇はじめに……………………………………………………………88
- ◇コートの設営………………………………………………………88
- ◇体育授業で活用されるさまざまなボール…………………………91
- ◇学習カード…………………………………………………………93

あとがき …………………………………………………………………103

■ **本書の構成** ■

　本書は次の4つのパートで構成されています。
　Part Ⅰでは、バレーボールのゲームの仕組みを明らかにしながら、ゲームの面白さがどのようにして生み出されるのかを考えていきます。そして、これを踏まえて、教材づくりのための基本的な題材を用意します。
　Part Ⅱでは、バレーボール（型ゲーム）の具体的な教材づくりを展開します。初歩的な段階から発展的な段階に至るステージが用意されます。各ステージでは、そのステージの中核となる「メインのゲーム」を紹介するとともに、そのゲームに関連する技能を高めるための「スキルアップ教材」を挙げています。さらに、学習を深めるための「ゲームのバリエーション」についても取り上げています。
　Part Ⅲでは、本書の考え方に沿って実践された授業の事例を紹介します。工夫された教材によって子どもたちが生き生きと活動に取り組み、ゲームの質が高まっていく様子が記されています。
　Part Ⅳでは、バレーボール（型ゲーム）の授業をさらに充実させるため、以下に関する補足資料を収めています。
　1）授業を実施するためのコートの設営に関する資料
　2）体育授業に用いられる様々なボールに関する資料
　3）ゲームを振り返り、認知的学習を効果的に展開するための学習カード（コピーしてすぐに使えます）

Part 1

ゲームの面白さは
どのようにして生み出されるのか

はじめに

　バレーボールは今日、わが国の体育授業で取り扱う球技種目の中でも主要な位置を占め、多くの子どもが経験しています。さらに、現行の小学校学習指導要領にソフトバレーボールが採用されたことにより、いっそう早い時期からバレーボールのゲームになじむ機会が用意されるようになりました。しかし、これらの事態は決して偶発的に生じたものではありません。球技種目は膨大な数にのぼりますが、そのすべてを体育授業で取り上げることはできません。

　ここで重要になってくるのは、各種目のゲームにおいて、どのようなしくみ（構造）で競り合いが発生しているかということです。このことはとくに、小学校第3・4学年の「ゲーム」領域の内容が「○○型ゲーム」という形で表記されていることに象徴されています。そこには、近年、球技の学習指導において国際的に支持されている「戦術アプローチ」[1]の考え方が色濃く反映されていると考えられます。すなわち、その種目をゲームとして成立させている競り合い場面に着目し、ここで求められる判断や行動の仕方などの戦術的課題解決を学習内容の中核に据えようとする考え方です。

　ここで重要なのは、各種目のゲームにおいて、どのようなしくみ（構造）で競り合いが発生しているのかを押さえておくことです。さらに、ここで特定された内容を、体育授業で児童・生徒が実際に学ぶための対象へとつくり替えていく作業（教材づくり）も大切です。

　そこで、近年提唱されている球技の分類論を概観してみますと、これまでバレーボールは、「攻撃と防御が分離した状態で」、「連携プレイを用いて」、「ボールを打ち返すという仕方で」、「ネットの向こうとこちらで」……競り合われるという具合に、競争の行い方（以下、「競争方法」と呼ぶことにします）の特徴にもとづいて分類されてきました。

　しかし、ここでプレイヤーの立場から考えてみると、まず際立っているのは、他者と競り合って勝ち取ろうとすることがら（以下、「競争目的」と呼ぶことにします）であり、その競り合いが公正に行われるための秩序としてルールが構成され、そのルールにもとづいて競争方法が編

み出される、という順序になります。つまり、競争方法はあくまで従属するものであって、そのゲームの構造を決定づけるものにはなりえないと考えられます。

そこで以下、バレーボールを競争目的と競争方法の関係性から捉え直し、ゲームの構造を解明していくことにしましょう。その際、他種目と比較検討することにより、バレーボールの代表性や独自性をいっそう明確につかむことができるでしょう。これらの作業は、既存のバレーボールの「どの部分を」、「どのように」加工・改変して体育授業に適用するのか、という「教材づくり」に重要な手がかりを与えることになります。

ゲームの基本的なしくみ

さて、ゲームと呼ばれるものは、すべからく相手選手（相手チーム）との競り合いによって展開されるわけですが、ある一つの競り合いに勝ったからといって、ただちにそのゲームの勝者になれるわけではありません。このことを、わが国で古来より親しまれてきた双六ゲームの構造を参照しながら説明したいと思います。

ご存じのように、双六は、サイコロを振って出た目に応じて駒を進めるというやり方でゲームを展開します。すなわち、サイコロという結果の不確定要素を振り合う場（競争を行う場：図1-1）と、競り合いの結

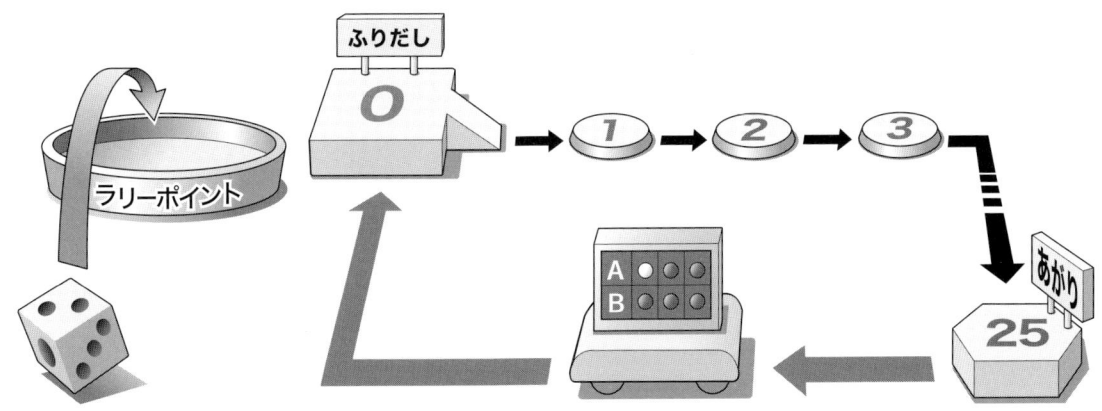

図1-1　競争を行う場　　　　図1-2　競争結果をカウントする場

果を一定の約束にしたがって累計する場（競争結果をカウントする場：図1-2）、という二重構造になっています。

　たとえば、バレーボールという双六では、個々のラリーに競り勝つことを25回成功させると、「セット」と呼ばれるあがりに達します。そして、このあがりを先に3つ揃えたチームが、そのゲームの勝者として認定されることになっています（5セットマッチの場合）。

　このことを念頭に置きながら、今度は体育授業におけるバレーボールのゲーム場面を考えてみましょう。授業では、たとえばスパイクを決めたら2点にするとか、サービスエースはノーカウントにするなど、ラリーの競争結果をカウントする方法を変更することがよくあります。また、限られた授業時数の中で多くのチームと対戦できるよう、あがりの条件を25点よりも少なくしたり、さらには勝敗を1セットマッチで決着するなどあがりの束ね方を変更したりすることもしばしばあります。

　これらのルール変更に象徴されるように、まず大切にされなければならないのは「そのゲームで競り合おうとすることがら」であり、それを実現するためには、子どもたちの実態に合ったルール、つまり既存のものとは異なる「双六盤」を適用すべきだということです。「ルールを守るためにゲームを行う」のではなく、「望ましい競り合いを実現するためにルールを構成する」という考え方に立つことが大切です。

ゲームでは何が競い合われるのか

　では、それぞれの球技種目で想定されている競り合いとは、具体的にどのようなものなのでしょうか。そこで、種々の球技種目をその競争目的に注目しながら整理してみましょう。球技を大きく分けると、
　(a)ボールを目標地点あるいは空間（相手方ゴール、エリア、コート、的など）に移動させることによって得点するタイプ（図1-3）
　(b)プレイヤーが目標地点（ホームベースなど）に移動することによって得点するタイプ（図1-4）
という2つのタイプに分類することができます。
　いずれのタイプにおいても、ボール操作の巧みさや、投げたり打った

Part I　ゲームの面白さはどのようにして生み出されるのか

図1-3　ボールを移動させて得点するゲーム

図1-4　プレイヤーが移動することによって得点するゲーム

り蹴ったりしたボールの勢い（スピードや飛距離など）は、ゲームを有利に進めるための重要な要素ではありますが、そのこと自体が競争の対象となっているわけではありません。たとえばバレーボールでは、つまるところ相手コートにボールを落とす（相手のミスも含む）ことによって、ラリーを意図的に中断させることが競り合われているのです。つまり、上の分類で言えば(a)タイプ（図1-3）に属します。

　ちなみに、小学校から高等学校の学習指導要領においては、ほとんどの球技種目が(a)タイプに該当します（唯一、ソフトボールのみが(b)タイプです）。(a)タイプの諸ゲームでは、ボールを持った側がボールを持たない側に対して優位に立つということが、競り合いを有利に進めるうえでのポイントとなります。

　ここで、そもそも「ボールを持つ側」と「ボールを持たない側」ができるのはなぜかと考えると、1個のボールを媒体としてゲームが競り合われるからだということがわかります。現行の学習指導要領に採用されている球技種目は、すべて「個人または集団がチームをつくり、攻防に分かれて1個の球体か球状あるいはこれに代わる物体を係争物にし、得点を競うスポーツ競争（または、競技スポーツ[2]）」となっています。それゆえ、「ボールを持たない側」（ディフェンス）の行為によって、「ボールを持つ側」（オフェンス）の試みは結果が不確定となり、これが競り合いをゲームとして成立させる鍵となっています。

図1-5　1個のボールを争うゲーム　　　図1-6　各プレイヤーが1個ずつボールを保有するゲーム

　しかし、球技全体を見渡せば、ゴルフやボウリングなどのように「攻防に分かれない」種目も多数存在することに気づくでしょう。これらの種目では、プレイヤーが各自1個ずつボールを持つので、「攻防に分かれて」の競り合いは発生しません。ディフェンスからの妨害ではなく、ボール操作の困難性によって結果の不確定性がもたらされるのです。
　以上のように、球技種目を、その競り合い場面に用いられるボールの数に注目して分類すると、
　(x) 1個のボールを係争物とするタイプ（図1-5）
　(y) 各プレイヤーに1個ずつボールが与えられるタイプ（図1-6）
という分類が成り立ちます。
　さて、ここまでの議論から、バレーボールは(a)と(x)の組み合わせ、すなわち1個のボールを用いて目標地点（空間）を陥れると得点となるゲームとして識別されました。このカテゴリーには、バレーボールの他にもサッカー、バスケットボール、ハンドボール、アメリカンフットボール、ラグビー、テニスなど数多くの種目が含まれています。
　そこで以下、(a)と(x)という組み合わせによって際立ってくるこれらの種目の共通点を探っていくことにしましょう。

競い合いに勝つための課題とは

 (a)×(x)タイプのゲームにおいては、ゴールにボールを入れる、ラインで区画された空間にボールを持ち込む、ネットの向こうの相手方コートにボールを入れるなど、さまざまな仕方で得点（以下、総称して「ゴール」と呼ぶことにします）が上げられますが、いずれにせよ、オフェンスがディフェンス網をくぐり抜けてボールを目標地点に移動させる点は共通しています。

 ここで、ゴール獲得をめざすオフェンスがボールを前進させようとする行為を「ボール・プログレッシング」と呼ぶことにしましょう。すると、オフェンスにおけるボール・プログレッシングの試みはディフェンスの努力によって妨害されるので、ゴールの成否は不確定となります。

 たとえば、バレーボール、テニス、バドミントンなどでは、ネットという物理的条件や相手方プレイヤーの行為（ブロック、レシーブ、ボレー等）が、ボール・プログレッシングの妨げとなります。サッカーやバスケットボール等では、ボールを奪還しようとするディフェンスの努力によって、ボール・プログレッシングが妨害されます。また、ラグビーやアメリカンフットボール等では、これらに加えて身体接触による防御行動もみられます。いずれにせよ、オフェンスにとって、ディフェンスの働きかけは「ボール移動を阻む防御壁」として機能します。以下、こ

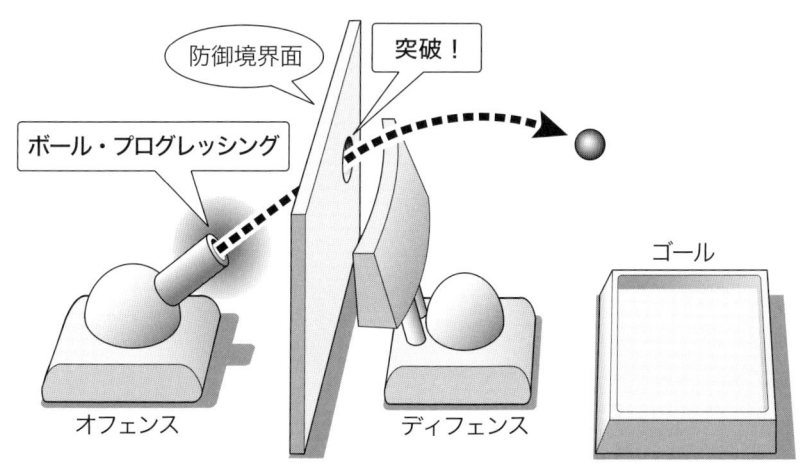

図1-7　防御境界面の突破

表1-1　突破型ゲームの競争課題

種　目　例	バレーボール、サッカー、バスケットボール、ハンドボール、アメリカンフットボール、ラグビー、テニス、卓球、バドミントン　など
競　争　目　的	ボールを目標地点（空間）に移動させること
競争媒体の個数	プレイヤー全員に対して1個
ゲーム性の発生要因	ボールを保持しないディフェンスによる妨害
競　争　課　題	防御境界面の突破

れらを総称して「防御境界面」と呼ぶことにしましょう。

　すると、ボール・プログレッシングを目論むオフェンスにとっては、この防御境界面を打ち破ることがゴールを得るために不可欠の課題となります。すなわち、(a)×(x)タイプのゲームに共通する競争課題は、「防御境界面の突破」であるということです（図1-7）。そこで、このカテゴリーを「突破型ゲーム」と呼ぶことにしましょう。以上の議論は表1-1のようにまとめることができます。

　ちなみに、ソフトボールの場合には、ボールを移動することではなく、プレイヤーが進塁して本塁に到達することがめざされるので、突破型ではなく、「進塁型ゲーム」ということになります。また、ゴルフやボウリングは、各自が持つボールをターゲット（ホールやピン）に接近させることがめざされるので、「的当て型ゲーム」と呼ぶことができるでしょう。

課題の解決方法

　突破型ゲームの戦術的な課題は防御境界面を突破することであるといっても、その成功がただちにゴールに結びつくケースはそう多くはありません。通常、ボール・プログレッシングを阻む複数の防御境界面が構成され、オフェンスはこれを次々に打ち破ることによって、ようやくゴールにたどり着くことができます。つまり、層構造化された防御境界面が構成されると考えられます。そこで、突破型ゲームで、ゴールを阻むために最も大きな機能を発揮する防御境界面を、とくに「最大防御境界

Part I　ゲームの面白さはどのようにして生み出されるのか

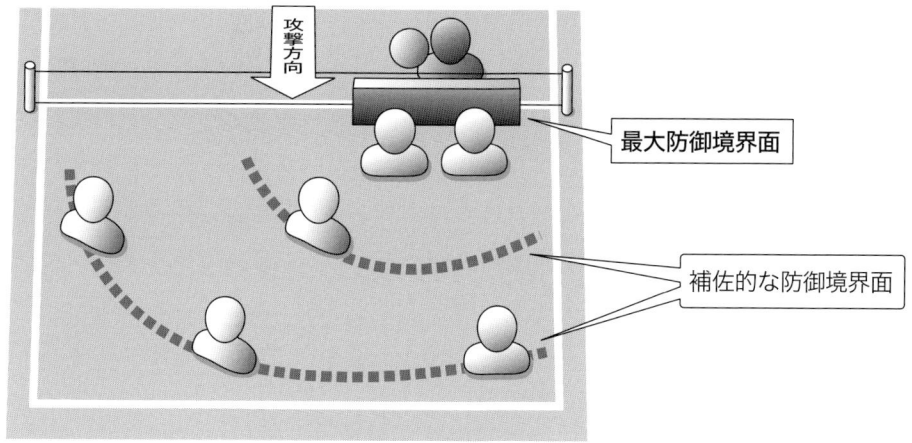

図 1-8　バレーボールにおける防御境界面の層構造化

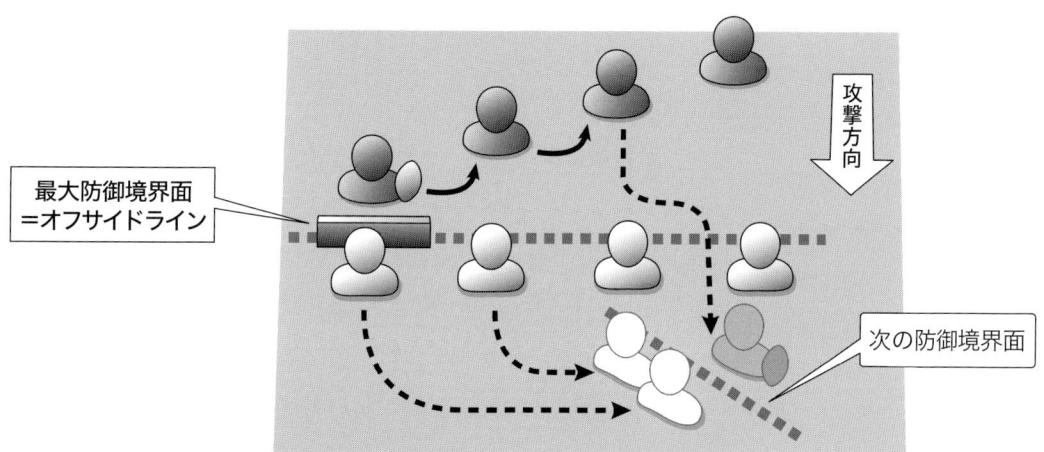

図 1-9　ラグビーにおける防御境界面の層構造化

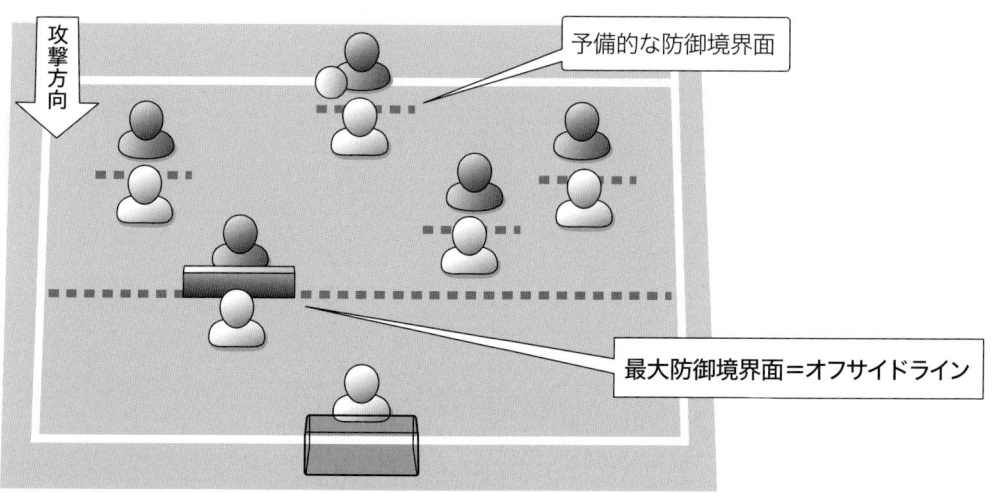

図 1-10　サッカーにおける防御境界面の層構造化

面」と呼ぶことにしましょう。

　バレーボールの場合、オフェンスが解決すべき最も大きな課題は、ネット上に構成される防御境界面、すなわち最大防御境界面を、いかに自チームに有利な形でボールを通過させるか、ということになります。他方、ディフェンスは、そうはさせまいとブロックに跳び、最大防御境界面を補強します。さらに、コート上にもプレイヤーを層状に配置し、ブロックを抜けてくる強打やワンタッチボール、あるいは軟打など、さまざまなケースに対応できるよう準備を整えておきます。つまり、ここにも補佐的な防御境界面が構成されると考えられます（図1-8）。

　これと類似した「動きの形[4]」は、ラグビーにも見られます。ラグビーでは、ディフェンスはオフサイドラインという最大防御境界面を突破されないよう、オフェンスと競争します。その際、その後方にも人員を層状に配して、陣地が押し下げられるのを最小限に食い止めようとします（図1-9）。これに対し、オフェンスはステップを踏んだりサインプレーを用いてマークを外したりして、防御境界面に「ほつれ」を生じさせようとします。それは、バレーボールで時間差攻撃や移動攻撃によってブロックを外すのと同様の動きです。また、フルバックが攻撃ラインに参加するケースは、バレーボールのバックアタックに相当すると考えられます。ただし、バレーボールの最大防御境界面であるネットは固定されているのに対し、ラグビーのオフサイドラインはボールの移動とともに刻々と変動します。

　一方、サッカー、バスケットボール、ハンドボールなどの場合、最大防御境界面は、ゴール付近の最後のディフェンスラインとなります。サッカーでいうオフサイドラインです（図1-10）。ディフェンスはこれを突破されないよう、あらかじめその前方に人員を配置し、自陣に深く攻め込まれないうちにボールを奪おうとします。これらの種目においても、最大防御境界面の位置は、ディフェンスプレイヤーの位置によって変動します。

Part I　ゲームの面白さはどのようにして生み出されるのか

ボール操作や身体操作の制約

　ところで、防御境界面での攻防が、結果の不確定な競争として成立するためには、双方のボール操作や身体操作の方法に何らかの制約が必要となります。もし何も制約がなければ、一方の試みがいつも成功するか、逆にいつも失敗することになり、ゲームとして成立しなくなってしまうからです。

　バレーボールの場合、最大防御境界面の下端、すなわちネットの上端が一定の高さに保たれていることによって、オフェンスのボール・プログレッシングが困難となっています。そのため、多くの場合、自コートに送り込まれたボールを1回の触球でただちに返球しても、その攻撃性はきわめて低く、ゴール獲得には結びつきにくいと考えられます。そこで複数回触球を経ての攻撃組立が認められ、これによって相手コートに、より攻撃的な返球を行うことを可能としています（図1-11）。

　一方、テニス、卓球、バドミントンなどでは、ネットが最大防御境界面となる点はバレーボールと同じですが、触球回数が1回に限定される点が大きく異なります。テニスや卓球ではネットが低いことに加えてワンバウンドまで可とされるので、ここに複数回の触球、つまり攻撃組立を許してしまえば、ゴール獲得はあまりにも容易になってしまいます。そのため、触球数は1回とされ、その1回の中で「自コートへのボール・プログレッシングの防御」と「相手コートへのボール・プログレッ

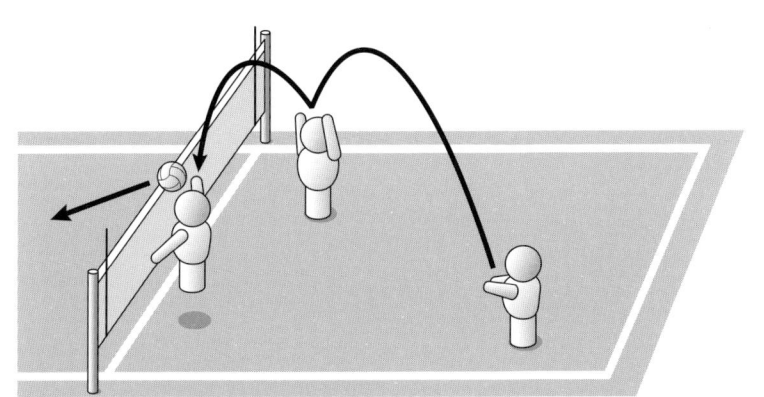

図1-11　複数回触球による攻撃組立

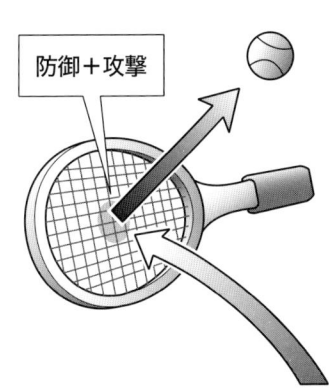

図1-12　防御と攻撃の一体化

表 1-2　突破型ゲームの課題解決

		バレーボール	テニス 卓球 バドミントン	サッカー バスケットボール ハンドボール	アメリカン フットボール	ラグビー
最大防御境界面[*1]	出現契機	ネットおよびアンテナによって規定されるボール通過面	ネットによって規定されるボール通過面	ディフェンスの位置取りによって構成されるオフサイドラインまたは最終防御ライン	ダウンのたびにボールの位置を基準に設定されるスクリメージライン	ボールの位置を基準とするオフサイドライン
	変動性	なし	なし	あり	なし	あり
防御の層構造化の方向[*2]		最大防御境界面の後方	最大防御境界面の後方	最大防御境界面の前方	最大防御境界面の前後	最大防御境界面の後方
突破の方法		複数回のパス[*3]による攻撃組立	防御と攻撃が一体化されたパス[*3]	パス[*3]	ボールの持ち運びとパス[*3]	ボールの持ち運びとパス[*3][*4]

*1　競争目的を達成する上で最も重要な課題となる防御境界面を示す。
*2　ボールを持たない側のチーム（ディフェンス）から見た方向を示す。
*3　プレイヤーがボールを身体から離脱させるすべての行為を「パス」とみなす。シュート（ゴールへのパス）、ドリブル（自分へのパス）も含まれる。
*4　キックを用いる場合に限定される。

シング」という 2 つの機能をあわせて持たせていると考えられます（図 1-12）。バドミントンの場合には、打球後みるみる失速するというシャトルコックの特性があるので、ワンバウンドさせなくても防御と攻撃を一体として行うことが可能となっています。

　また、バレーボールでは、相手方プレイヤーが最大防御境界面を越えて侵入してボール操作を妨害することがないため、ボール操作自体にもある程度の困難性を持たせておかないと、結果の不確定性が低下してしまいます。そのため、ボールをつかんだり、保持して移動することが禁止され、もっぱらパスによるボール・プログレッシング[5]によってゴール獲得をめざすことになっているわけです。

　以上を踏まえると、突破型ゲームにおけるバレーボールの独自性は、他種目との比較から表 1-2 のように押さえることができます。

バレーボールの教材づくりに向けて

　以上の考察により、ゲーム構造からみたバレーボールの特性が明らかになりました。それは、ボール・プログレッシングのためにパスによる防御境界面の突破が企てられるという多種目との共通点（代表性）と、複数回触球を経ての攻撃組立という相違点（独自性）としてまとめられるでしょう。ここから、「素材としてのバレーボール」を、学習の手がかりとなる「教材としてのバレーボール」へとつくり替えるための手がかりが浮かび上がってきます。

　具体的には以下のようなことです。

①競争目的の明確化

　バレーボールの競争目的は、「ラリーを続け合うこと」ではなく、「ラリーを中断させる（＝ゴールを陥れる）こと」です。したがって、レシーブやパスなどの「続け合う」ための技術に先立って、「中断させる」ための技術、すなわちスパイクをいっそう重視し、その成功経験が多く保障されるような教材をつくり出すことが必要となります（図1-13）。

②競争課題の明確化

　競争目的を達するためには、ネット上に構成される最大防御境界面をどのように突破するのかが最重要課題となります。一方、ディフェンスからみれば、この最大防御境界面をさらに補強する手立てを講ずることが、まずもって重要となります。すなわち、学習者にブロックの重要性を理解させるとともに、それがきちんと機能するような経験を多く持たせるような教材を考案することが、最大防御境界面の突破をめぐる競り合いという競争課題を明確化することにつながります（図1-14）。

③競争課題の解決方法

　課題解決の前提として、各触球場面の意味を理解することが必要となります。すなわち、第一触球場面：自コートへのボール落下を阻止しラリーを継続させる、第二触球場面：セットアップにより守備的な状態から攻撃的な状態へと場面転換を図る（図1-15）、第三触球場面：防御境界面の突破を図る、というそれぞれの目的を押さえてから、必要な技能の習得に向かうべきです。

図1-13　競争目的の明確化

図1-14　競争課題の明確化

図1-15　競争課題の解決方法

これらを授業に反映させるためには、子どもの主体的条件に応じてボール操作の困難さを緩和し、彼らの意識が「ボールを持たない動き」に向けられるような教材（ゲームおよび下位教材）を準備することが必要となります。これらを用いてバレーボールで想定された「競り合い場面」への有効な参加が保障されれば、子どもたちはゲームに大きな喜びを見出し、授業を心待ちにするようになるでしょう。

　また、ゲームのしくみ（構造）を踏まえて教材づくりが行われれば、これを適用した授業において、教師はポイントを押さえた説明・指示・フィードバック等を子どもに与えることができます。さらには、子どもたちに持たせる「めあて」を、具体的行動目標として設定することも可能になります。

　以上を踏まえ、Part IIではバレーボール（ソフトバレーボール）の教材づくりの具体的な話に入っていきます。

■注および引用・参考文献

1) 池田延行・戸田芳雄編（1999）『新しい教育課程と学習活動の実際』東洋館出版社：東京、pp. 40-41.
2) Griffin, L. L, Mitchell, S. A, & Oslin, J. L.（1997）. Teaching sport concepts and skills. Human Kinetics: Champaign, IL.〈髙橋健夫・岡出美則監訳（1999）『ボール運動の指導プログラム』大修館書店：東京〉
3) 稲垣安二（1989）『球技の戦術体系序説』梓出版社：松戸、pp. 4.
4) ゲーム情況を解決する動きが実現される空間的・時間的な遂行上の外的現象を指します。（佐藤靖・浦井孝夫〈1997〉「『球技』の特性と分類に関する研究：中学校学習指導要領の分析を中心に」、『スポーツ教育学研究』17（1）：1 - 14 参照）
5) ここでは、プレイヤーがボールを手でつかむことなく移動させるすべての行為を〈パス〉と呼ぶことにします。その中には、バレーボールのスパイク、サッカーやバスケットボールのシュート（＝ゴールへのパス）やドリブル（＝自分自身へのバウンズパス）、ラグビーやアメリカンフットボールのキックなども含まれます。

Part II

スモールステップによる
教材づくり

はじめに

　Part IIでは、まず、バレーボール（ソフトバレーボール）の学習指導の系統について確認します。本書では、体育授業におけるバレーボール（ソフトバレーボール）の学習課題を「ステージ-0」から「ステージ-4」までの5つの発展段階でとらえています。それぞれのステージで、子どもたちの発達段階に対応した課題を押さえていくことによって、小学校低・中学年から中学校までの学習をスムーズにつなげるように配慮しました。

　はじめに各ステージの概説をし、次にステージごとに教材づくりについて具体的に述べていきます。ここでは、そのステージの中核となる「メインのゲーム」を紹介するとともに、そのゲームに関連する技能を高めるための「スキルアップ教材」を挙げ、さらに、学習を深めるための「ゲームのバリエーション」についても取り上げます。

学習指導の系統

　体育の学習指導は単発的に行われるべきではなく、前段階での学習経験を踏まえ、将来の方向性を見据えながら展開されなければなりません。いわば「おみやげを持って次のステップに進む」ための重要な経験を保障することが大切です。

　そこで、以下、主に小・中学生に焦点を当て、バレーボール（ソフトバレーボール）の学習指導をどのように系統立てていけばよいのかを考えてみることにしましょう（図2-1を参照しながら読み進めていってください）。

　小学校学習指導要領では、第1・2学年および第3・4学年の子どもたちは、「基本の運動」と「ゲーム」を学習することになっています。ここでは、その後の「ボール運動」に通じるような、ボール操作・身体操作に関わる基礎的な技能と、簡単なルールのもとで行われる集団対集団のボールゲームが取り扱われます。

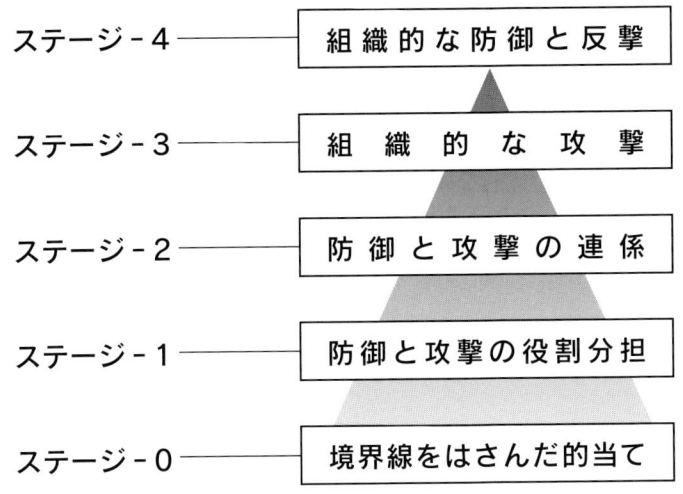

図2-1　学習課題の発展段階

　バレーボールの説明に入る前に、集団で行われるボール運動の例として、ここでドッジボールを使ってボール運動のゲームについて考えてみましょう。

■ステージ-0

　ドッジボールは、地域によってさまざまなローカルルールがあり、多様な楽しみ方がされていますが、共通しているのは、相手チームの陣地（コート）内にいるプレイヤー（「内野」と呼ばれています）にボールを

図2-2　ステージ-0――バレーボールの三段攻撃の戦術と共通する部分が多いドッジボールの内野の動きを、バレーボールの導入部分で利用する

当ててアウトにする、というルールでしょう。また、その際、相手方の陣地に侵入することはできず、境界線の手前（外側）からしか攻撃できない、という点も共通しています。つまり、「境界線をはさんだ的当てゲーム」ということができます。ここで言う「的」とは、相手チームの内野のことです。

　実は、このようなゲームのしくみは、バレーボール（ソフトバレーボール）とたいへんよく似ているのです。とくに、内野どうしの攻防に限ってみると、ボールを持った（捕った）人は、自陣と相手陣を区分する境界線ギリギリのところまで詰め寄って、相手チームの内野をねらってボールを投げつけます。このとき、防御側の内野は自陣の後ろ一杯まで後退し、攻撃側の相手となるべく距離をあけて、ボールを捕ったりよけたりしようとします。ここで、ボールを捕ることに成功すれば、今度はそのボールを持って前線まで攻め上がり、相手に反撃を加えます。

　コートの後方で守り、ボールを前線に運び、反撃するというこのプロセスは、バレーボール（ソフトバレーボール）の三段攻撃（レシーブ→セットアップ→アタック）をすべて一人で行っているのと同じことです。そして重要なのは、子どもたちがこのような一連の戦術的行動を、「う

図2-3　ステージ-1──ボールを捕ったら自分で攻め上がるのではなく、前線にいる仲間にパスをする

図2-4　ステージ-2──第一・第二触球部分を「キャッチ＆スロー」で三段攻撃を組み立てる

まく守り」かつ「うまく攻める」ための有効な方法としてすでに採用しているということです。このような「戦術的気づき」をバレーボール（ソフトバレーボール）の学習に活かさない手はありません。

■ステージ-1

さて、先のドッジボールでみられた攻め方や守り方をもっと効率よく行う方法はないでしょうか。それには、2番目の「ボールを（自分で）前線に運ぶ」という手続きの時間的ロスを少なくすることが考えられます。つまり、ボールを捕った人が自分で前線まで持ち運ぶかわりに、あらかじめ前線で待ちかまえている人にパスをしてしまえばよいのです。ここで、「守り」と「攻め」の役割分担が発生します。

また、ステージ-0（ドッジボール）では、境界線をはさんで攻撃し合う「的」は相手方のプレイヤーでしたが、ステージ-1では、相手コートのバックゾーンを「的＝ゴール」にします。ボールが自陣のバックゾーンに命中すると失点になるので、「守り」役のプレイヤーたちは積極的にボールをキャッチしなければなりません。

■ステージ-2

前段階（ステージ-1）では、役割分担によって「守り」から「攻め」

図2-4　ステージ-3──「キャッチ＆スロー」は第二触球のみにする

図2-5　ステージ-4──三段攻撃の組み立て方が理解できたら、組織的な防御のしかたを身につける

への転換を効率よく行うことが可能となりました。しかし、「攻め」役のプレイヤーに注目してみると、後ろから来るパスを受けて、それを相手コートのほうに投げるときに、大きな（180度近い）方向転換を余儀なくされています。これをすばやく──つまり、「捕る」と「投げる」を融合させた「打つ」というしかたで──行うことは、子どもにとって決して容易ではありません。

そこでステージ-2では、「守り」と「攻め」の間に「セットアップ」という手続きを挿入し、最終触球者がボールをヒットして攻撃するゲームを準備しました。いわゆる「三段攻撃」の初歩的な段階です。なお、第一・第二触球場面は、ボールを一度キャッチしてからすばやく投げる「キャッチ＆スロー」で行います。

このステージで問題となるのは、最終触球者がボールをヒットするのに先立ち、第二触球者が「誰に（どこに）」、「どのような」ボールを送るか（＝セットアップ）ということです。何でもかんでも打って返せばよいのではなく、最終触球者が十分な体勢で攻撃に参加できるよう、第一・第二触球場面で適切な「攻撃組立」が行われたかどうかが鍵となります。

■ステージ-3

ステージ-3では、「キャッチ＆スロー」の適用を第二触球場面に限定します。つまり、相手コートから来るボール（第一触球）は、キャッチではなく、弾いて（レシーブやパスなど）処理するということです。

はじめは、第一触球を思うようにコントロールするのは難しいと予想されるので、セッター役を2人置き、カバーをしやすくします。慣れてきたらセッターを1人にするようにしてもよいでしょう。

いずれにしても、第一触球をうまくフォローアップし、その後の「セットアップ＋攻撃」というコンビネーションを維持することが重要な課題となります。

■ステージ-4

攻撃組立の要領がわかり、ネットの向こうの相手コートを攻撃する力が高まってくると、ゲームは（アタックによって）互いに得点を取り合う展開になってきます。そうなると、次の課題は、相手チームに攻撃を仕掛けるだけでなく、相手方からの攻撃をうまく防御し、さらには反撃

に転ずるための手だてを講ずることになります。

　そこでステージ-4では、相手チームの攻撃をブロックし、さらにその後方でもプレイヤーの位置取りを工夫するなど、組織的な防御のしかたを身につけることを課題とするゲームを準備しました。もちろん、防御するだけでなく、それを相手コートへの反撃につなげていくことも大切です。また、ラリーを開始するための手続きであるサーブと、これを受けるためのサーブレシーブについても扱います。

　このステージのゲームでは、攻撃のための位置取りおよび防御のための位置取りについて理解すること、さらにはラリー中の場面転換に対応してすばやく位置取りを変えることがポイントになります。そのためには、サーブレシーブから攻撃を展開するためのフォーメーション、ブロック＆レシーブから反撃するためのフォーメーションなど、約束に従った位置取りのしかたや動き方の確認が必要となります。毎回のラリー終了時やゲーム終了時には、ボール操作がうまくいったかどうかよりも、むしろおのおののプレイヤーが「いるべき所にいたかどうか」を振り返ることが大切です。

　なお、第二触球場面の扱いについては、最初は従来の「キャッチ＆スロー」を適用して攻撃と防御が容易に行えるようにし、徐々にオーバーハンドパス（またはアンダーハンドパス）によるセットアップへと切り替えていけばよいでしょう。

　以上のようなステップを踏んで系統的に学習を進めていけば、ゲーム中に起きてくる多様かつ複合的な課題の解決にも道が拓かれます。たとえラリーが長期化・複雑化しても、それらは第一触球、第二触球、および最終触球によって構成されていることに変わりありません。それぞれの触球場面における目的やポイントをきちんと押さえることによって、意図的・組織的な攻撃と防御が可能となり、バレーボール（ソフトバレーボール）の醍醐味を味わうことができるでしょう。

　以下では、まずバレーボールの動きづくりにつながるウォーミングアップを紹介し、続いて各ステージの教材づくりについて、詳細に述べていきます。

1 ウォーミングアップ

バレーボールでは、ボールやプレイヤー（相手チーム、自チーム）に対応してすばやく正確に動くことが求められます。具体的には、バランスをとって自分の体勢をコントロールすることと、相手の動きに対応して適切な判断を下すことが大切です。そこで以下、ボールを扱う前に押さえておきたい動きづくりのための運動を紹介します。

ウォーミングアップ──ポイント走①

● めあて
歩幅と足使いの変化にすばやく対応しよう。

● 行い方
①サイドライン程度（18m）の直線上にラインテープ等で印をつけておきます。ポイントの間隔は、0.5〜2.5mの範囲で不規則にし、ところどころに色を変えたポイントを設けます。

②一方の端からスタートし、ポイントを踏みながらすばやく前進します。このとき、色を変えたポイントを踏む足を指定することによって、より複雑なステップを生み出すことができます。

③反対側の端からも同様に行います。

▶ check point
①足だけを出すのではなく、出した足の上に腰をしっかり乗せていますか？
②腕でバランスをとって上半身のブレを抑えていますか？
③「右足→右足」「左足→左足」のように同じ足が続くとき、バランスを崩していませんか？

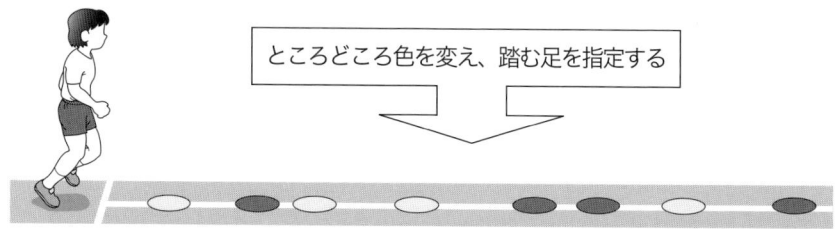

ところどころ色を変え、踏む足を指定する

ウォーミングアップ──ポイント走②

● めあて
左右の足への体重のかけ方を工夫して進行方向を切り替えよう。

● 行い方
①不規則なジグザグ型になるようラインテープ等で印をつけて走路を作

Part Ⅱ　スモールステップによる教材づくり

ります。
②一方の端からスタートします。
③右前方のポイントに移動するときは「右足→左足」の順、左前方のポイントには「左足→右足」の順に、各ポイントを必ず左右の足で順次踏んでから（＝送り足で）次のポイントに移動します。
④反対側の端からも同様に行います。

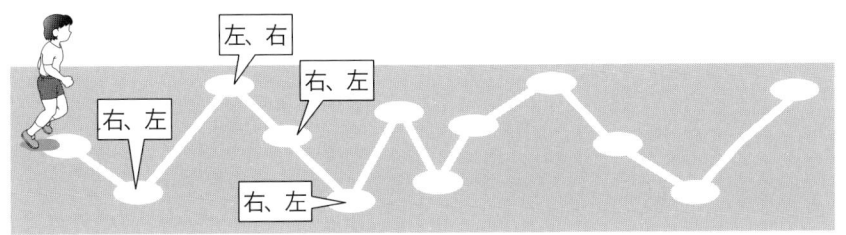

▶check point
①左右の足の荷重移動はスムーズにできていますか？
②腰の上下動を抑えて、中腰姿勢を保ってステップできていますか？

ウォーミングアップ──ポイント走③

● めあて
　バランスよく、すばやく進行方向を切り替えよう。

● 行い方
①走路は「ポイント走②」と同じものを用います。
②一方の端からスタートします。
③斜め前方に進むときの足使いは「ポイント走②」と同様ですが、進行方向を切り替えるときは、ポイントを片足だけで踏んで、すぐに反対側の足を次のポイントに出します。
④反対側の端からも同様に行います。

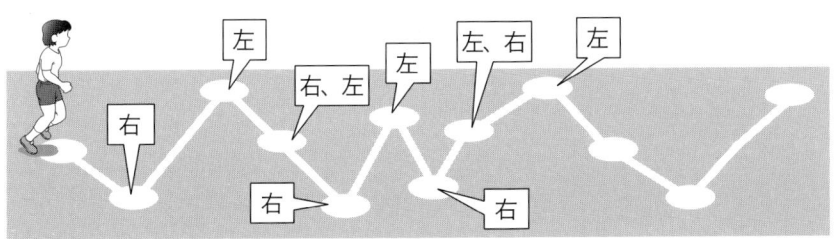

- 31 -

ウォーミングアップ——コーナー踏み鬼ごっこ

● めあて

相手の動きにすばやく反応し、判断よく動こう。

● 行い方

①ネットをはさんでそれぞれのコートの中央（ホームポジションと呼びます）に「鬼」と「追っ手」が構えます。

②「鬼」は、ホームポジションからコートの四隅のいずれかをめがけて逃げます。コーナーを足で踏んだらホームポジションにすばやく戻ってから別のコーナーをめざします。移動はサイドステップで行います。

③「追っ手」は、逃げる「鬼」に対応して、次のような約束事にしたがってサイドステップで移動します。

(a)前後左右の動きをコピーする（ネットを境に線対称に動く）。

(b)前後の動きを反対に（左右はそのまま）して、「鬼」との距離を一定に保ったまま動く。

(c)左右の動きを反対に（前後はそのままに）して、点対称に動く。

(d)前後左右すべてを反対に動く。

※「鬼」も「追っ手」も移動中、つねに上半身をネットのほうに向けておきます。クロスステップでもやってみましょう。

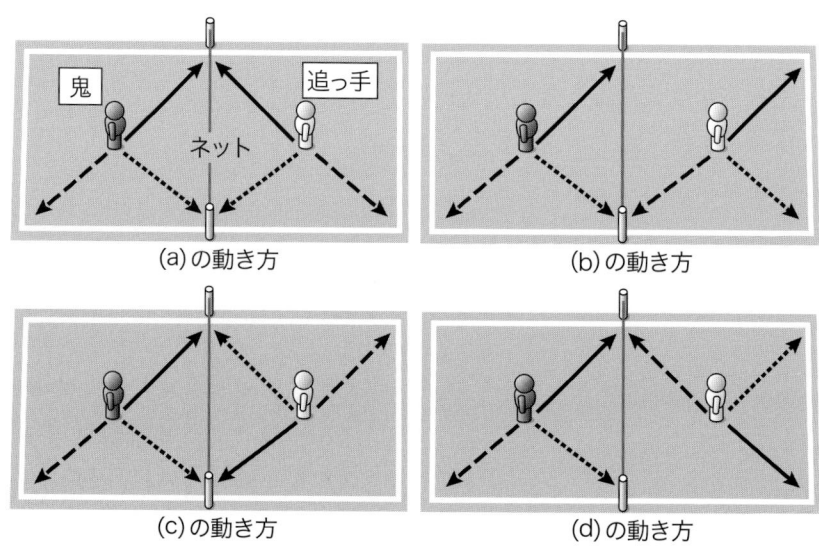

▶ check point
①移動の約束事（(a)〜(d)）にしたがって、すばやく正確に判断できましたか？
②移動のとき、ネットに背中を向けていませんか？

2 ステージ−1の教材づくり

　ステージ−1は、主として小学校中学年を対象にしています。ここでの大きなねらいは、防御と攻撃をうまく役割分担することです。相手チームからの攻撃に対応する仕事と、相手チームを攻撃する仕事を分担して受け持つことによって、バレーボール（ソフトバレーボール）の「攻撃組立」につなげるための基礎的なゲーム感覚を高めていきます。

メインのゲーム──ゴールゲットゲーム

● めあて
　「攻め」と「守り」を役割分担して、相手チームの隙をねらって攻撃しよう。

● ルール
◇コート……バドミントンのコートを使用し、中央を腰から胸の高さほどの紐かネットで仕切ります。エンドラインからネットに向かって1.5mまでの範囲を、それぞれゴールエリアとします（ラインテープ等で表示するとわかりやすい）。

◇人　数……1チーム4名を原則としますが、学級の事情により、人数を増やしたり、交代で参加することにしてもよいでしょう。

● 行い方
①「攻め」役のプレイヤー（以下、オフェンスと呼びます）どうしによるジャンプボールでゲームを開始します。ジャンプボール後のボールは、だれがキャッチしてもよいことにします（ただし、ネットを越えて侵入してはいけません）。また、ボールが床に落ちても得点には関係ありません。

　　ここで「守り」役のプレイヤー（以下、ディフェンスと呼びます）がキャッチした場合には、ただちにオフェンスにパスし、攻撃に移ります。オフェンスが自らキャッチした場合には、そのまま攻撃に移ります。

②オフェンスは、相手コート（以下、ボールを持っているほうのチームを攻撃側、他方を防御側と呼びます）のゴールエリアをねらってボー

ルを投げ入れます。

　このとき、防御側のオフェンスは、その場にしゃがむかよけるかして、攻撃のじゃまにならないようにします。

③防御側のディフェンスは、ボールをゴールエリアに落とさないようキャッチします。キャッチしたボールはただちにオフェンスにパスし、反撃に転じます。

　なお、ディフェンスのワンタッチ後のボールを本人または他のプレイヤーがキャッチしてもよいことにします。

④次の場合は、ラリーは終了となり、得点（すべて1点）が加算されます。

　(a)ゴールエリアに直接ボールが触れるか、またはディフェンスのワンタッチ後、カバーできなかった場合。
　　→攻撃側の得点

　(b)オフェンスが投げたボールがアウトになった場合。
　　→防御側の得点

　(c)防御側のオフェンスが、攻撃を妨害したとき。
　　→攻撃側の得点

⑤両チームの得点合計が5の倍数となるごとに、おのおの時計回りにポジションを1つローテーションします。

⑥前のラリーで得点を上げたチームのオフェンスが攻撃を始め、ゲームを再開します。

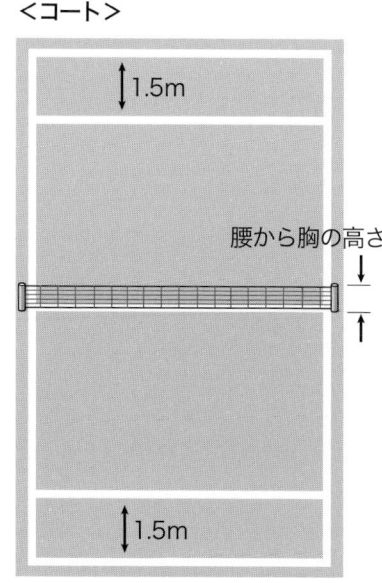

＜コート＞

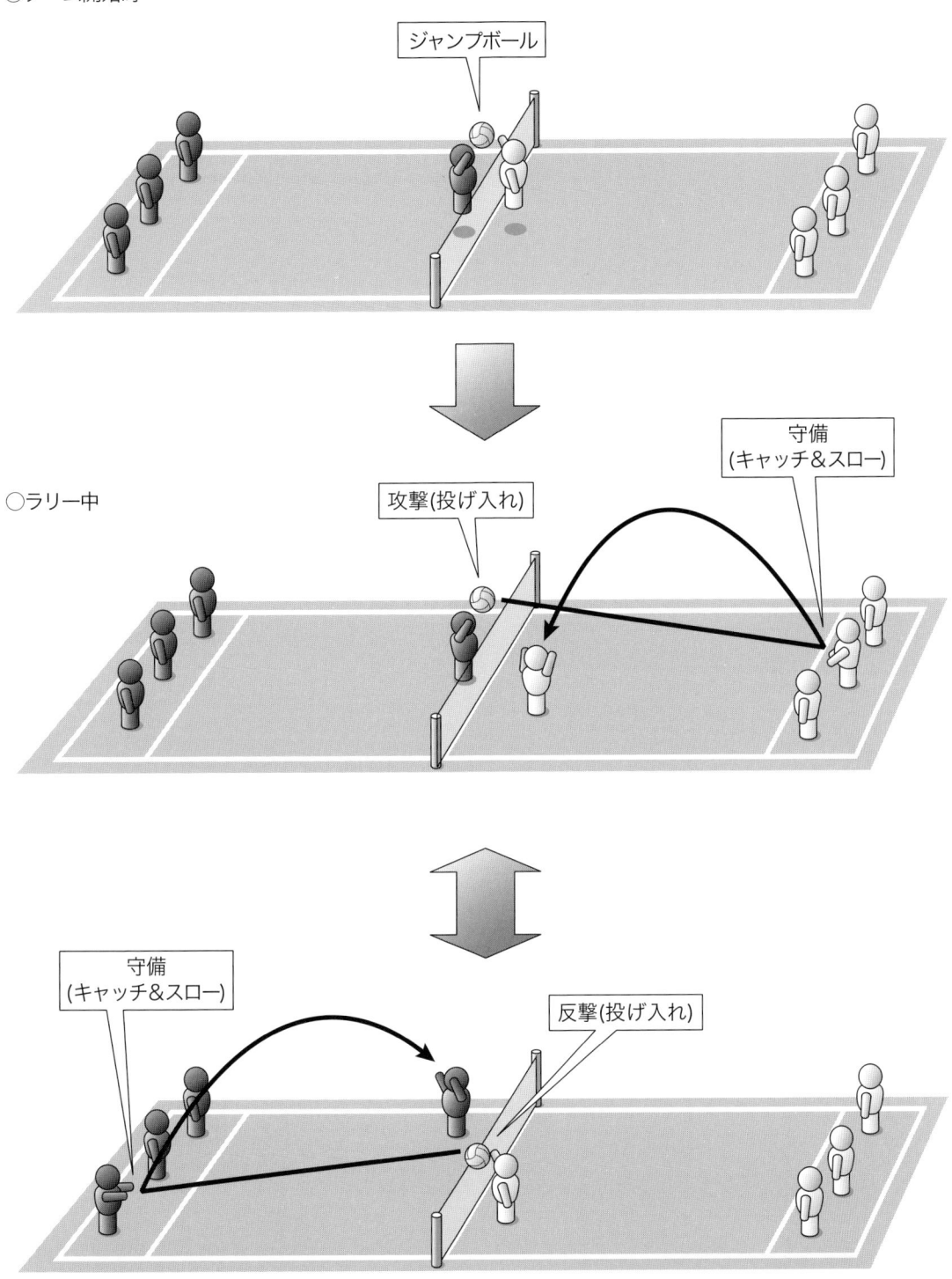

Part Ⅱ　スモールステップによる教材づくり

＜ゲームの進め方＞
○ゲーム開始時

ジャンプボール

○ラリー中

攻撃(投げ入れ)

守備
(キャッチ&スロー)

守備
(キャッチ&スロー)

反撃(投げ入れ)

- 35 -

[1] スキルアップ教材

　ここでは、ボールを投げたり捕ったりする技能を高めるためのスキルアップ教材を2つ紹介します。これらを行うことによって、攻撃場面で勢いよくボールを投げる技能や、防御場面でボールの正面に正確に移動する技能を習得することができます。

スキルアップ教材──バトンスロー

● めあて
腕の引きと体のひねりを使って、バトンに勢いを乗せよう。

● 行い方
①リレーで使うバトン（または塩ビ製のパイプ）にロープを通します。

②バトンを持ち、腕を大きく後ろに引きながら体をひねり、勢いよく前方に投げ出します。

　このとき、ロープの一端を高いところに結んで斜めに張れば、投げたバトンが滑って戻ってきます。さらに、ロープに印を付けておけば、距離を競い合って楽しむこともできます。

▶ check point
①投げる手と反対側の足を大きく前に踏み出していますか？
②バトンを持った手で、持たないほうの手を追い越すように投げていますか？

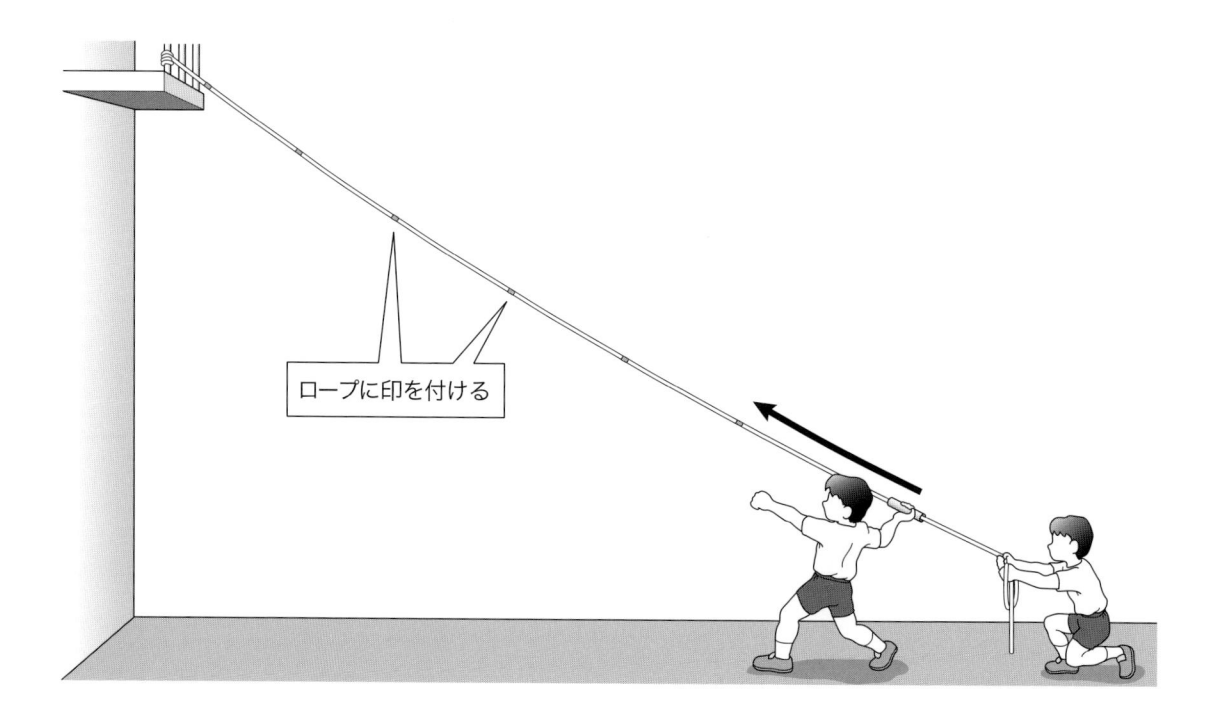

ロープに印を付ける

スキルアップ教材──おしりでキャッチ

● めあて
ボールの正面にすばやく入りこもう。

● 行い方
①6～9m離れた所からパートナーがボールを転がします。
②転がってきたボールを、上からおしりで押さえて止めます。このとき、ボールが転がってくるラインにおへそをしっかりと向けるのがポイントです。

▶check point
①足首や膝を軽く曲げて、すばやく動けるように構えていますか？
②おへそをいつもパートナーのほうに向けていますか？
③左右の足の真ん中でボールを止めていますか？

[2] ゲームのバリエーション

　ここでは、「役割分担」の考え方を「三段攻撃」に発展させるためのバリエーション教材を紹介します。ボール操作自体は、転がすという簡単な方法ですが、防御と攻撃をうまく分担し、さらにその間に「攻撃組立」という手続きをはさむことの有効性に気づくことによって、次のステージへと発展させることができます。

ゲームのバリエーション──コロコロゴールゲットゲーム①

● めあて
・一人ひとりの守備範囲を確認し、効率よく役割分担しよう。
・守備から攻撃への切り換えをすばやくしよう。

● ルール
◇コート……通常のバレーボールコートまたはバドミントンのコートを使用します。エンドライン、およびアタックライン（ショートサービスライン）より後方のサイドラインを「ゴールライン」とします。また、ネットはとくに必要ありません。

◇人　数……1チーム3〜4名で行います（以下、4名で行うことを想定して説明します）。

● 行い方
①ボールはすべて床を転がして受け渡しします。転がってきたボールは、指を下に向けた形で（上から押さえつけるのではなく）止めるか、弾くか、またはゲンコツの手のひらの部分で打ちます。

②ジャンケンに勝ったほうのチームは、ディフェンスの真ん中の人が、自コートバックゾーンの中央から相手コートにボールを打ち転がしてゲームを開始します。このとき、両チームのオフェンスは、ボールを触ることはできません。コースを空けて、ディフェンスのじゃまにならないようにします。

③チーム内で3回以内の触球で相手コートにボールを返し合います。

④得点となるのは次の場合です。
　(a)ボールが直接ゴールラインを横切ったとき、またはワンタッチ後コート外に出たとき→攻撃決定
　(b)ボールが直接コート外に出たとき→アウト

Part Ⅱ　スモールステップによる教材づくり

(1)
```
┌─────────────────┐
│ ゴールラインを守る │
└─────────────────┘
          ▽  ボールを前線に送る

┌─────────────────────────┐
│ 相手コート（ゴールライン）を攻撃する │
└─────────────────────────┘
```

(2)
```
┌─────────────────┐
│ ゴールラインを守る │
└─────────────────┘
          │ ボールを前線に送る
          ▼
┌─────────────────────┐
│ 攻撃をお膳立て（セット）する │
└─────────────────────┘
          │ 攻撃準備
          ▼
┌─────────────────┐
│ 勢いをつけて攻撃する │
└─────────────────┘
```

(c) 3回以内の触球で返球できなかったとき→回数オーバー
(d) 最終触球後のボールが相手方コートのバックゾーンにノーバウンドで触れたとき→アウト

　※はじめの段階では、1回触球で返し合うか、あるいは上の図(1)のようなパターンが中心になるでしょう。ここから次の段階に進むためには、「触球回数は3回以内」というところを活用する工夫を考えさせることがポイントです。
　　上の図(2)のような工夫がみられるようになればしめたものです。「コロコロゴールゲットゲーム②」に進んでもよいでしょう。

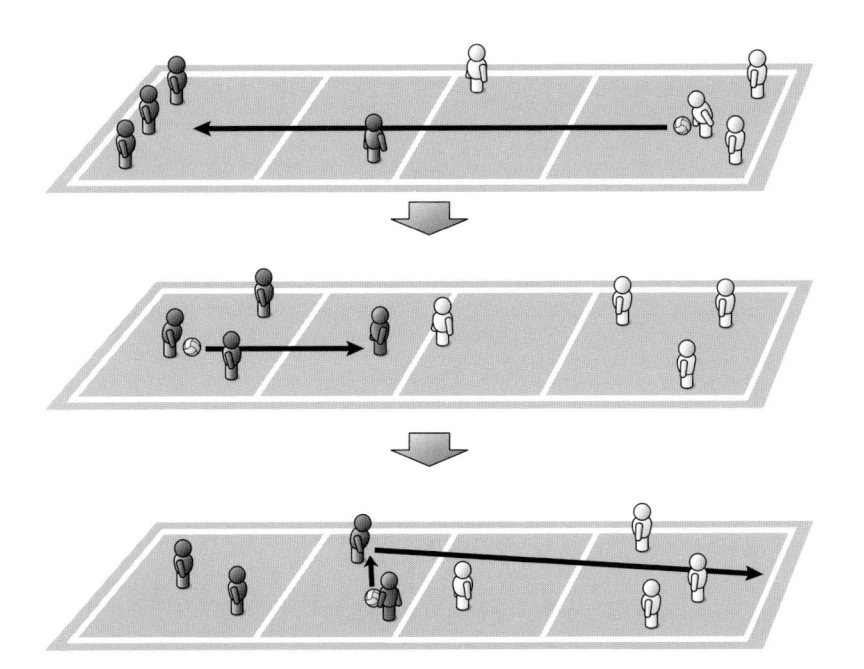

▶check point
①防御と攻撃を分担して行うために、4人（3人）はどのような位置取りをすればよいでしょうか？
②「3回以内で返す」というルールをうまく活用して攻撃するには、1回目、2回目、3回目、それぞれの場面でどのような工夫をすればよいでしょうか？

3 ステージ-2の教材づくり

ステージ-2は、主として小学校中学年を対象にしています。ここでの大きなねらいは、防御と攻撃をうまく連係させることです。相手チームからの攻撃を防御して反撃へと転ずるためには、その間をとりもつ「セットアップ」を工夫し、相手コートにより攻撃的なボールを返すことが大切です。このステージでは、防御から攻撃への流れをつくるための教材を用いて、意図的・組織的な攻撃を生み出すための技能と戦術を高めていきます。

メインのゲーム——攻守連係ゲーム

● めあて
第二触球(セットアップ)を工夫して、アタックで相手コートを攻撃しよう。

● ルール
◇コート……バドミントンのコートまたは通常のバレーボールコートを使用します。ネットの高さは、1.5～2m程度(軽くジャンプしてアタックが打てるぐらいの高さ)がよいでしょう。

◇人　数……1チーム4名を原則としますが、学級の事情により、人数を増やしたり、交代で参加することにしてもよいでしょう。

● 行い方
①4名が菱形にポジションを取ります。ネットに近いほうから順にセッター、アタッカー(2名)、レシーバーの役割をします。

②ジャンケンに勝ったほうのチームのセッターが、相手コートのバックゾーン(アタックラインよりも後ろ)にボールを投げ入れて、ゲームを開始します。

③レシーバーまたはアタッカーがそのボールをキャッチし、すばやくセッターに投げ渡します。

④セッターは投げ渡されたボールをキャッチし、すぐさまどちらかのサイド(レフトまたはライト)に高く投げ上げます(セットアップ)。

⑤ボールをセットされたアタッカーは、助走からジャンプをしてそのボールを相手コートに打ち返します。以下、③～⑤を繰り返します。

⑥得点の数え方やローテーションのしかたなどは、一般的なルールのゲームと同様です。

※次のようなケースの取り扱いについて、あらかじめ確認しておくとよいでしょう。

(a) ボールをキャッチ＆スローした後、同じ人が再びそのボールをキャッチすることはできません。

(b) 最終触球場面では、ボールをキャッチすることはできません→アタックかパスで返球。

(c) 相手コートからの返球をセッターが直接キャッチしてしまった場合→そのままセットアップするか、または他のプレイヤーにセットアップを頼みます。

(d) 第一触球がセッターに返球されず、アタッカーやレシーバーのところに行ってしまった場合→そのプレイヤーがセッターのかわりにセットアップを行います。

(e) レシーバーやセッターがアタックを打ってもかまいません（ただし、これは基本的にはアタッカーの仕事です）。

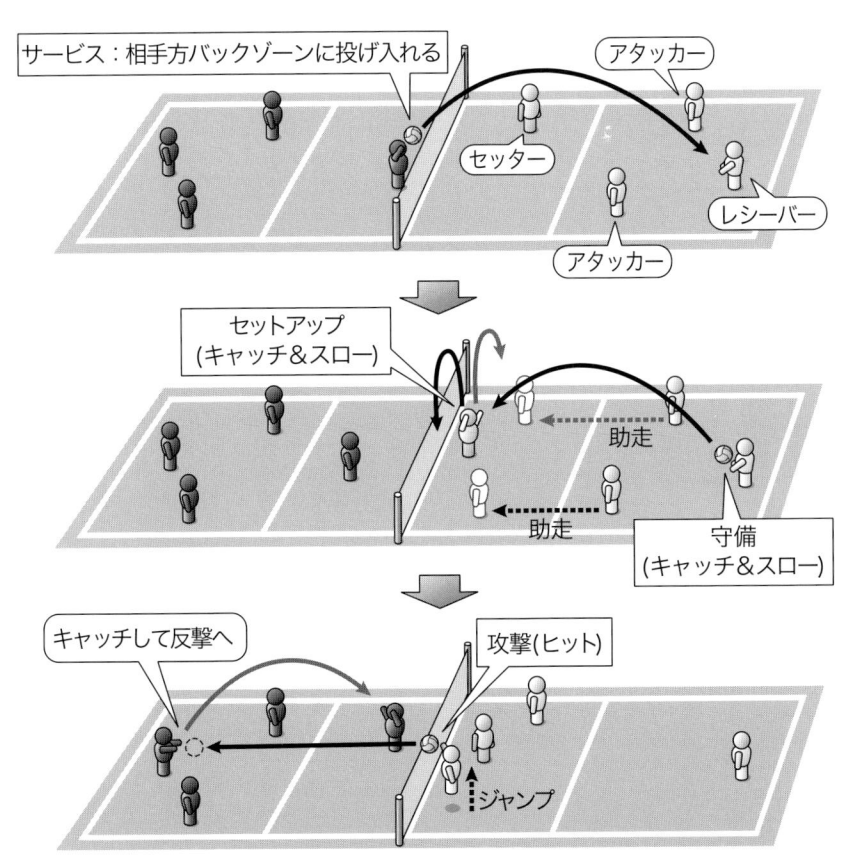

▶ check point
① 相手からのサーブを受けるためのポジション取りはできていますか？
② レシーブがセッターに返った場合、セッターはそのボールをどこに送ればよいでしょうか？
③ レシーブがセッターに返らなかった場合、カバーする人はそのボールをどこに送ればよいでしょうか？
④ アタッカーが打ちやすいボールとは、どんなボールでしょうか？

[1] スキルアップ教材

ここでは、最終触球場面で用いるアタックのスキルアップ教材を4つ紹介します。これらを行うことによって、セットアップされたボールを勢いよく相手コートに打ち込む技能を習得することができます。

スキルアップ教材──テニスボール投げ

● めあて
しっかりジャンプして、高いところからボールを投げ出そう。

● 行い方
ネットに向かって助走からジャンプをし、相手コートにテニスボールを投げ込みます。ネットの下にボールを転がさないよう注意しましょう。

▶ check point
①腕振りによって体を引き上げるようにジャンプしていますか？
②ジャンプが前に流れていませんか？
③肘を伸ばして、高いところでボールを離していますか？

Part Ⅱ　スモールステップによる教材づくり

スキルアップ教材──**片手まりつき**

● **めあて**
ボールをヒットする感じをつかもう。

● **行い方**
　床に向かって片手でボールを連続ヒットします。ボールへの接触時間を少なくし、スナップをきかせて打つのがポイントです。バスケットボールのドリブルとは異なり、ボールの「引き寄せ―押し出し」の動作を入れないようにします。

▶ check point
①手首の力は抜けていますか？
②指先ではなく、手のひらでボールをとらえていますか？
③ボールを打った直後、手首を上に引き上げるような感じをもっていますか？

■ **発　展**
　ボールを壁際の床面に向かって打ち、ワンバウンドして壁に当たったときの高さを競い合うゲームを行います。ボールを押すのではなく、勢いよく打ち放すようなイメージで行うとよいでしょう。

▶ check point
①肘を高いところから振り出していますか？
②ボールを打った後、指先は床のほうを向いていますか？

▼発　展

スキルアップ教材――連続壁打ち

● めあて
肘を伸ばして10回連続でボールを打とう。

● 行い方
壁に向かってボールをワンバウンドさせて連続して打ちます。目標は10回連続です。利き手と反対側の手でしっかりとねらいを定めてから打つようにすると、うまくミートすることができます。打つ瞬間にスナップをきかせて、肘を伸ばすのがポイントです（肘が曲がるとスナップがききません）。

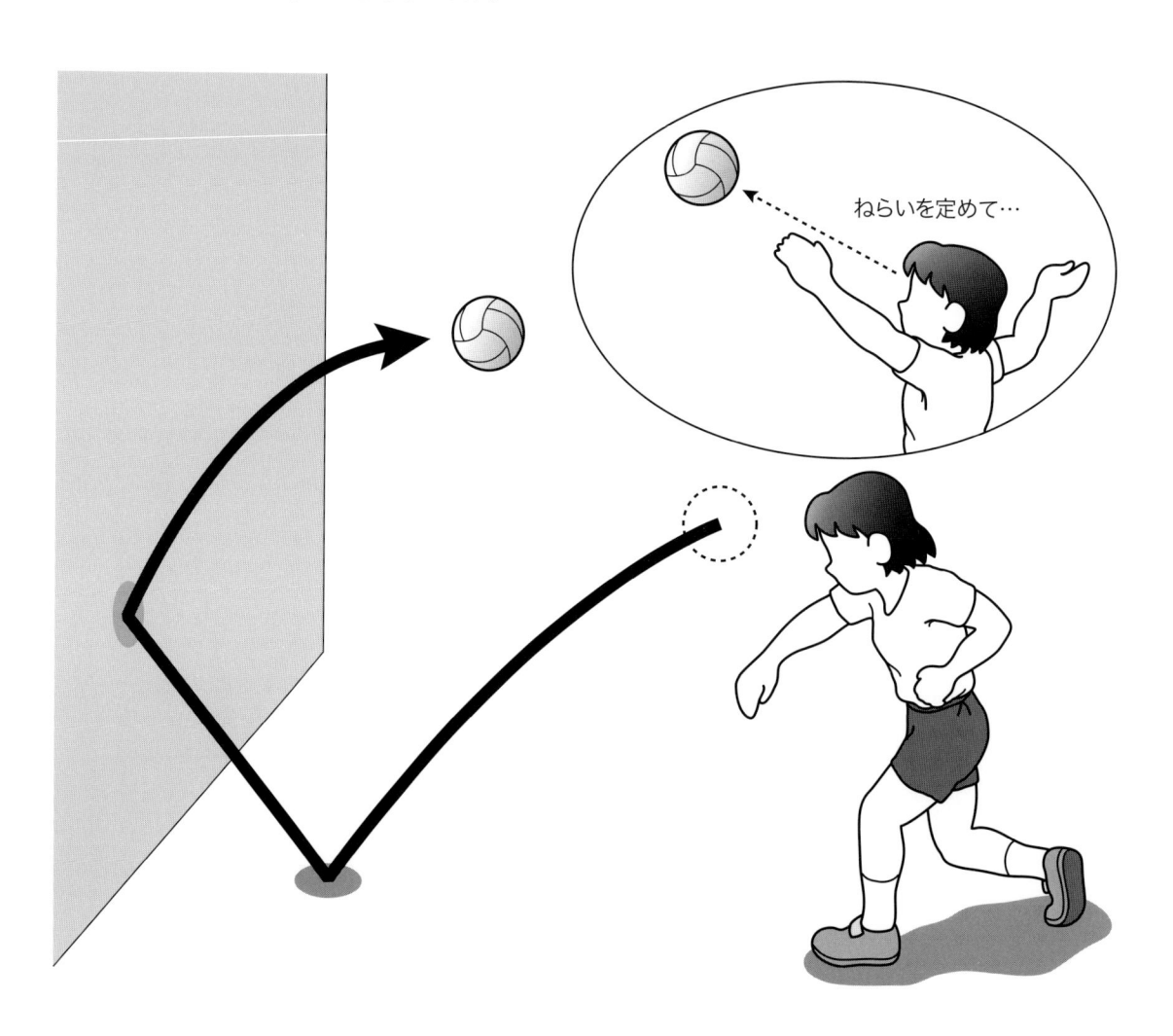

▶ check point
① 利き手と反対側の手でねらいをつけていますか？
② 打ったとき、肘は伸びていますか？
③ 跳ね返ってくるボールに対する足（利き手と同じ側の足）の位置は正確ですか？
④ 打った後、すぐに肘を引き上げて次に打つための準備をしていますか？

ねらいを定めて…

■発 展

2人組で交互に打ち合うか、またはチームで1列になって1回打つごとに次の人と交代しながら続けます。他のペアやチームと連続回数を競争するゲームとして行ってもよいでしょう。

▶ check point
①前の人の打球が跳ね返ってくる場所を予測し、すばやく移動していますか？
②利き手と反対側の手でねらいをつけていますか？
③打つときに肘は伸ばしていますか？

スキルアップ教材──アタックの基本練習

● めあて
ジャンプして、ボールをネットの向こうに勢いよく打ち出そう。

● 行い方
アタッカー、セッター、ボール拾いに分かれます。残りの人は、アタッカーの後ろに並びます。アタッカーはセッターにボールを渡します。セッターはそのボールを真上（高さ3m程度）に投げ上げます。アタッカーは助走からジャンプをして、そのボールを打ちます。打ったボールはボール拾いの人が回収して、列の後ろに並びます。アタッカーがセッターに、セッターがボール拾いに、それぞれスライドして、同様に行います。

▶ check point
① セットアップの位置や高さは適当ですか？
② アタッカーの助走距離はどうですか？（助走距離が長すぎると間に合わないことがあります。ネットから3m程度がよいでしょう）
③ 利き手の肘は高く引き上げていますか？
④ 利き手と反対側の手でねらいをつけていますか？
⑤ ねらいをつけた手を追い越すようにして、利き手を振り出していますか？

[2] ゲームのバリエーション

ここでは、簡単なボール操作によって、セットアップを介した攻撃組立の原理を学習する教材、ならびに防御と攻撃の場面転換をスムーズに行うための教材を紹介します。いずれのゲームにおいても、重要なことは、相手コートに返すボールに攻撃性をもたせるということです。そしてそのためには、相手チームから受けるボール（第一触球）や自チーム内でつなぐボール（第二触球）を状況に応じてうまくコントロールし、最終触球場面を有利な形にすることがポイントです。

ゲームのバリエーション──コロコロゴールゲットゲーム②

● めあて
チームで力を合わせてゴールゲットするための作戦を工夫しよう。

● ルール
○コート……通常のバレーボールコートまたはバドミントンのコートを使用します。エンドライン、およびアタックライン（ショートサービスライン）より後方のサイドラインを「ゴールライン」とします。ネットはとくに必要ありません。
○人　数……1チーム3名で行います。

● 行い方
①ボールはすべて床を転がして受け渡しします。転がってきたボールは、指を下に向けた形で（上から押さえつけるのではなく）止めるか、弾くか、またはゲンコツの手のひらの部分で打ちます。
②ジャンケンに勝ったほうのチームは、バックライトの人が、自コートのエンドラインの後方から相手コートにボールを打ち転がしてゲームを開始します。このとき、両チームのセッターは、ボールに触ることはできません。コースを空けて、サーブやレシーブのじゃまにならないようにします。
③チーム内で3回以内の触球で相手コートにボールを返し合います。
④その他、ゲームの進め方は、「コロコロゴールゲットゲーム①」と同様です。

▶ check point
①相手チームからのボールを受けたり、そのボールを攻撃につないだりするための位置取りはできていますか？
②ラリー中、いつもボールのほうにへそを向けるよう心掛けていますか？
③「守り」の場面と「攻め」の場面で位置取りを変えていますか？
④複数のアタッカーが攻撃に参加するよう工夫していますか？

ゲームのバリエーション──ワンバウンド・パスゲーム

● めあて

　距離や方向を定めてボールを返球しよう。

● ルール

○コート……バレーボールコートのバックゾーンをゴム紐やフェンスなどで二分して使用します。

○人　数……チーム内で２人組をつくって対戦します。

● 行い方

①ジャンケンに勝ったほうのチームが、自コート内から相手コートにア

ンダースローでボールを投げ入れてゲームを開始します。

②相手コートから来たボールがワンバウンドした後、アンダーハンドパスやオーバーハンドパスを使って、2回以内の触球で相手コートに送り返します。なお、第一触球がパートナーに送られた場合には、第二触球はノーバウンドで行います。

③ノーバウンドで第一触球を行った場合、第二触球前にボールが床に触れた場合、および相手コートへの返球がアウトになった場合には失点となります。

▶ check point
①ワンバウンドしたボールを受けるための位置は、遠すぎたり近すぎたりしていませんか？
②パートナーに山なりのボールを送っていますか？
③相手プレイヤーを前後に揺さぶるように返球していますか？

4 ステージ-3の教材づくり

　ステージ-3は、主として小学校中・高学年を対象にしています。ここでのねらいは、組織的に攻撃を組み立てることです。この段階では、第一触球は基本的にボールを弾いて行いますが、いつも思い通りにコントロールできるとは限らないので、第二触球者がそれをうまくカバーし、アタッカーが攻撃できるような形に整えてあげることが大切です。第二触球は、原則的にはセッターが行いますが、第一触球がセッターに返らなかった場合には、他のプレイヤーがかわりにセットアップを行います。ステージ-3のゲームでは、この第二触球を「キャッチ＆スロー」で行います。このルールを採用することによって、レシーブ―セットアップ―アタックという一連の攻撃組立を、チームで組織的に行うことが容易になります。

メインのゲーム──攻撃組み立てゲーム

● めあて
　レシーブ―セットアップ―アタックのコンビネーションで相手コートを攻撃しよう。

● ルール
○コート……バドミントンのコートまたは通常のバレーボールコートを使用します。ネットの高さは、1m80cm～2m10cm程度（ジャンプして楽にアタックが打てるぐらいの高さ）がよいでしょう。
○人　数……1チーム6名を原則としますが、学級の事情により、人数を変更したり、交代で参加することにしてもよいでしょう。

● 行い方
①6名をネットに近いほうから順に、セッター2名、アタッカー2名、レシーバー2名に役割分担します。セッターはネット際に、アタッカーはサイドライン寄りに、レシーバーはエンドライン寄りに、それぞれ位置します。
②ジャンケンに勝ったチームのレシーバー（ネットに向かって右側）が、相手コートのバックゾーンにボールを投げ入れてゲームを開始します。
③レシーバーまたはアタッカーがそのボールをレシーブして、左右いずれかのセッターに返球します。
④ネットに向かって左側のセッターに返球された場合にはレフトに、右側のセッターであればライトというように、同じサイドにいるアタッカーにキャッチ＆スローでセットアップします。

Part II　スモールステップによる教材づくり

⑤ボールをセットされたアタッカーは、助走からジャンプをしてボールを相手コートに打ち返します。このとき、アタッカーの正面にいる防御側のセッターはブロックに跳びます。以下、③～⑤を繰り返します。
⑥得点の数え方やローテーションのしかたなどは、一般的なルールのゲームと同様です。

次のようなケースの取り扱いについて、あらかじめ確認しておくとよいでしょう。
(a)すべてのプレイヤーは、第二触球をキャッチ＆スローで行うことができます。
(b)レシーブしたボールがセッターに返らなかったときには、他のプレイヤーがカバーしてセットアップを行います。このとき、対角のアタッカーに（つまり、コートの右サイドのプレイヤーはレフトのアタッカーに、左サイドのプレイヤーはライトのアタッカーに）ボールを送ることがポイントです。

■ゲームのバリエーション
　学習が進んだ段階では、セッターを1名にして、下図のような陣形でゲームを行ってもよいでしょう。この場合も、セッターがブロックに跳ぶことになります。

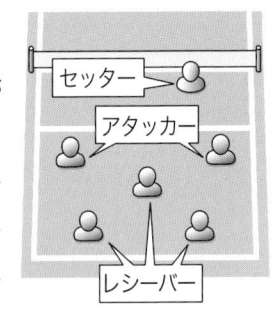

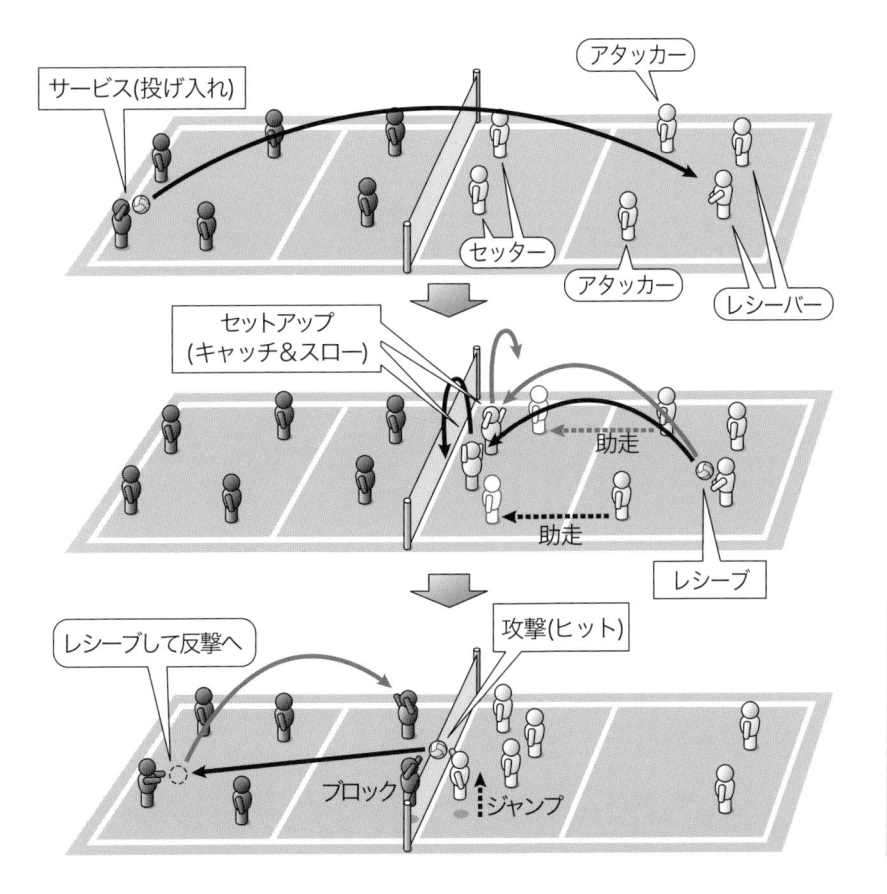

▶ check point
①それぞれのプレイヤーの位置取りは適切ですか？
②第二触球者とアタッカーのコミュニケーションはとれていますか？
③レシーブがセッターに返らなかった場合のカバーのしかたは適切ですか？

[1] スキルアップ教材

ここでは、ラリー中の各場面で用いる技能を高めるためのスキルアップ教材を7つ紹介します。すでにステージ-2でアタックのスキルアップについて触れていますので、今度はそれに対抗するためのブロックについて、まず取り上げます。次いで、アンダーハンドやオーバーハンドでボールを扱う技能、さらには相手のアタックをレシーブする技能を高めていきます。これらによって、攻撃組立の力や相手の攻撃を防御する力を高めるとともに、「キャッチ＆スロー」から徐々に通常のボール操作方法へと移行していきます。

スキルアップ教材──ブロックの基本練習

● めあて
ジャンプのタイミングと、手を出す感じをつかもう。

● 行い方
ブロッカーは両手を挙げてネット際に構えます。ネットの白帯の上に投げ出されたボールを、ジャンプして両手でキャッチします。このとき、助走をつけずにジャンプし、ボールがネットを越えて自コート側に来る前に、すばやく手を突き出してキャッチします。慣れてきたら、キャッチするかわりにボールを相手コート側にはたき落とすようにブロックします。肘を動かすのではなく、手首を締めるようにします。

▶ check point
① 構えたとき肘が下がっていませんか？
② 構える位置はネットから離れすぎていませんか？
③ ジャンプのタイミングは合っていますか？
④ 両手の幅は狭すぎませんか？
⑤ 空中で手を前後にあおっていませんか？

Part Ⅱ　スモールステップによる教材づくり

スキルアップ教材──直上アンダーハンドパス

● めあて
ボールの落下点に正確に移動し、腕の正しい位置でボールを受けよう。

● 行い方
　床にワンバウンドしたボールをアンダーハンドパスで直上（3m 程度）に上げます。なるべく狭い範囲内（バスケットボールのサークルなど）で 10 回連続して行います。慣れてきたらノーバウンドで同様にやってみましょう。

▶ check point
①肘は伸びていますか？
②ボールを組み手の上に乗せるような「タメ」をつくってからパスしていますか？
③腕の振りではなく、足首や膝のバネを使ってボールを送り出していますか？

スキルアップ教材──アンダーハンドパスの応用練習

● めあて
触球場面に応じて、返球する距離を調節しよう。

● 行い方
長いボールを短く返したり、逆に短いボールを長く返したりする練習です。3人一組で一列に並び、真ん中の人がリーダー役になります。次の約束にしたがって、ボールを送り合います。

リーダー：ボールをAに投げ出します。
A　　　：アンダーハンドパスで反対サイドのBに送ります。
B　　　：アンダーハンドパスでリーダーに戻します。
リーダー：返球されたボールを一度キャッチしてから、同様に繰り返します。

リーダーにボールが戻ったら1周とし、10周したらリーダー役を交代します。

▶ check point
①長いボールを短く返すとき、タメをつくってボールの勢いを抑えていますか？（レシーブ時の距離感）
②短いボールを長く返すとき、足首や膝を使ってボールに勢いをつけていますか？（セットアップ時や最終触球時の距離感）
③返球の高さは十分ですか？

キャッチ&スロー

Part Ⅱ　スモールステップによる教材づくり

スキルアップ教材──ボールでごザル

● めあて

オーバーハンドパスのポイントとなる「ボールの落下点に入りこむ感じ」をつかもう。

● 行い方

パッサーは額の前でオーバーハンドパスの手の形をつくり、ザル（または半球形の器）を上向きに保持します。パートナーはボールを山なりに投げ出します。パッサーは落下点にすばやく入りこみ、足首、膝、腕をやわらかく使ってボールをザルで受けます。手先だけ動かしても、ボールはザルからこぼれ落ちてしまいます。落下点に合わせて足を正確な位置に運ぶことが大切です。10回行ったらパートナーと交代します。

▶ check point
①投げ出されたボールに対して、足から（手ではなく）動き始めていますか？
②ボールを額の前で（顔や胸の前ではなく）受けていますか？
③ボールを受けるとき、足首、膝、腕をやわらかく使って勢いを吸収していますか？

スキルアップ教材──両手まりつき

● めあて

オーバーハンドパスの「ボールを受けて押し出す」感じをつかもう。

※オーバーハンドパスは、額の前に構えた手でボールを「受ける」動作と、それをすばやく「押し出す」動作の組み合わせで成り立っています。「キャッチ＆スロー」からオーバーハンドパスへ移行するためには、「キャッチ」の時点でオーバーハンドパスの手の形（＝器）がしっかりと定まっていることが大切です。そこで、まずは上から落下してくるボールではなく、床から跳ね上がってくるボールを扱うことによって、「器」でボールを正確に受けて押し出す感じをつかんでいきます。

● 行い方

バスケットボールのドリブルを両手で行う要領で、胸の高さから床に向かっての突き放しを繰り返します。コツがつかめたら、台の上やステージの上から同様に行い、ボールを強くかつすばやく「受けて押し出す」感覚を高めていきます。ここまでできたら、さらに壁に向かってやってみましょう。

※台やステージの上に立つと、床面との距離が遠くなるので、ボールをより強く押し出すことが必要になります。
※壁に向かって行う場合、「受ける」場面でのボールの勢いが増すので、これに負けないよう「器」をしっかりつくって、強く押し出すことがポイントです。

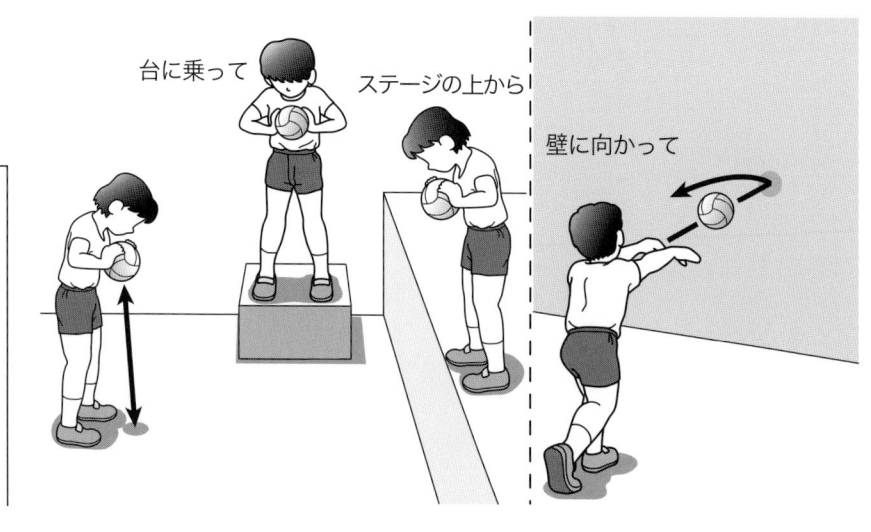

▶ check point
①ボールを受けるときの手の形はしっかりできていますか？
②肘や手首のバネを使ってボールを押し出していますか？
③「受けて押し出す」動作は滑らかにつながっていますか？
④右手と左手の押し出しの強さは均一ですか？

Part II　スモールステップによる教材づくり

スキルアップ教材──ボールでヒット

● **めあて**

ボールの中心をとらえて、床からもらった力をボールに伝えよう。

※オーバーハンドパスでボールを遠くに（高く）飛ばすためには、プレイヤーが生み出した力をボールにうまく伝えることがポイントです。その際、床を踏ん張ることによって得た力をボールの中心に集めるようなイメージを持つとよいでしょう。

● **行い方**

パッサーは額の前でオーバーハンドパスの手の形をつくり、ボールを保持します。パートナーから別のボールを投げてもらい、それを手に持ったボールでヒットして返球します。腕を前後に動かすのではなく、後ろ足で額とその先にあるボールを押し出すようにし、その力を投げられたボールの中心に当てるようにします。斜め前45度の方向に返球しましょう。パートナーは、返球を一度キャッチしてから再度投げます。10回交代で行います。

▶ **check point**
① 投げ出されたボールに対する後ろ足の位置取りは正確ですか？
② ボールを持っている手は、オーバーハンドパスの形になっていますか？
③ 額の前で（顔や胸の前ではなく）ボールをとらえていますか？
④ 手を後ろから前にあおっていませんか？「スイング」ではなく、「押し出し」によってボールをヒットします。
⑤ ボールの中心に力が伝わって（45度の方向に飛んで）いますか？

スキルアップ教材──壁打ちレシーブ

🔴 めあて

ボールにすばやく反応しよう。

🔴 行い方

レシーバーは壁から 2 ～ 3m 離れ、壁の方を向いて構えます。パートナーは声をかけてから、壁に向かってボールを投げるか、あるいは打ちます。レシーバーは壁に当たって跳ね返ってきたボールにすばやく反応し、アンダーハンドやオーバーハンドで受けます。真上か斜め前に上げることを心がけましょう。コースや高さを変えながら、10 回交代で行います。

▶ check point
①膝をつま先より前に出して、前傾姿勢で構えていますか？
②レシーブしたボールの高さは十分ですか？（他のプレイヤーがカバーするのに間に合いますか？）

5 ステージ-4の教材づくり

ステージ-4は、主として小学校高学年～中学生を対象にしています。この段階では、相手チームの状況に適切に対応し、自チームの特徴を活かした攻撃や防御を展開することが課題です。とくに、相手コートから来るさまざまなタイプのボールをうまく処理（防御）し、反撃に転じる力をつけていきます。これまでに身につけてきたゲーム中の状況判断能力をさらに洗練させるとともに、それぞれ場面で用いる技能を高めていくことによって、白熱した攻防が頻発する見応えのあるゲームを実現していくことができます。

メインのゲーム──チャレンジ・バレーボール

● めあて

攻撃や守備の場面に応じた位置取りや作戦を工夫して、バレーボール（ソフトバレーボール）のゲームを楽しもう。

● ルール

○コート……通常のバレーボールコートを使用します。ネットの高さは、1m90cm～2m20cm程度（指高の学級平均＋ボールの直径1個分ぐらい）がよいでしょう（P.90参照）。

○人　数……1チーム6名を原則としますが、学級の事情により、人数を変更したり、交代で参加することにしてもよいでしょう。

● 行い方

①6名がフォワードとバックに分かれます。フォワードセンターは、セッター（攻撃時）とミドルブロッカー（守備時）を兼任します。ほかの2人のフォワードは、ウイングアタッカー（レフト、ライト）です。バックプレイヤーはバックゾーンの守備をします。

②ジャンケンに勝ったチームのバックライトがサーバーとなり、サーブを打ってゲームを開始します。

③以下、得点方法やローテーションのしかたは、一般的なゲームと同様に行います。

■留意点

(1)このゲームでは、サーブレシーブから攻撃を仕掛けるための陣形、およびブロック＆レシーブから反撃するための陣形を確認するとともに、ラリー中の場面に合わせてこまめに動きかえを行うことがポイントです。陣形にはさまざまなタイプがありますが、本書ではラリー中の動きかえを行いやすい基本的な形を紹介します。次ページに、サーブレシーブのＷ型陣形、およびブロック＆レシーブの陣形（フォワードがフロントゾーンを、バックがバックゾーンをそれぞれ分担して守る陣形）を示してあります。

(2)オーバーハンドパスやアンダーハンドパスでセットアップを行うのが難しい場合、ボール操作の制約を緩和したり（キャッチ＆スローを可とするなど）、セッター固定制にするなど、最終触球場面でのアタック出現頻度を維持・向上するようルールを変更するとよいでしょう。

(3)サーブミスが続出したり、サービスエースによる得点でゲームがどんどん進行してしまうなど、サーブによる影響が大きすぎると判断される場合には、サーブの打ち方を緩和あるいは規制したり、ノーエースルール（サービスエースはノーカウントとする）などを取り入れて調整してください。

■ルールのオプション

アタックを用いた攻防を中心にしてゲームを展開するためには、

①サーブに関して：「ノーエースルール」を取り入れる→プレイヤーにワンタッチしてサービスエースとなった場合には、ノーカウントとし、サーブをやり直す。ただし、ノータッチでインになった場合には、得点とする。

②セットアップに関して：第二触球における「キャッチ＆スロー」を認める。

などのルール変更が考えられます。学級の事情に合わせて適用し、「意図的なラリーの中断」が実現するよう工夫してください。

▶ check point
① ゲームを振り返って、相手チームの攻撃位置（レフト、センター、ライト）に対するブロッカーやレシーバーの位置取りが適切であったか、確認しましょう。
② チャンスボール（相手が態勢不十分で返球してきたとき）を確実に攻撃に結びつけることができましたか？
③ サーブミスを最小限に抑えるとともに、場面に応じた打ち方（攻撃性重視、または確実性重視）ができましたか？
④ P.93～101のゲーム分析システムを使って、自チームのよかったところや課題を確認しましょう。

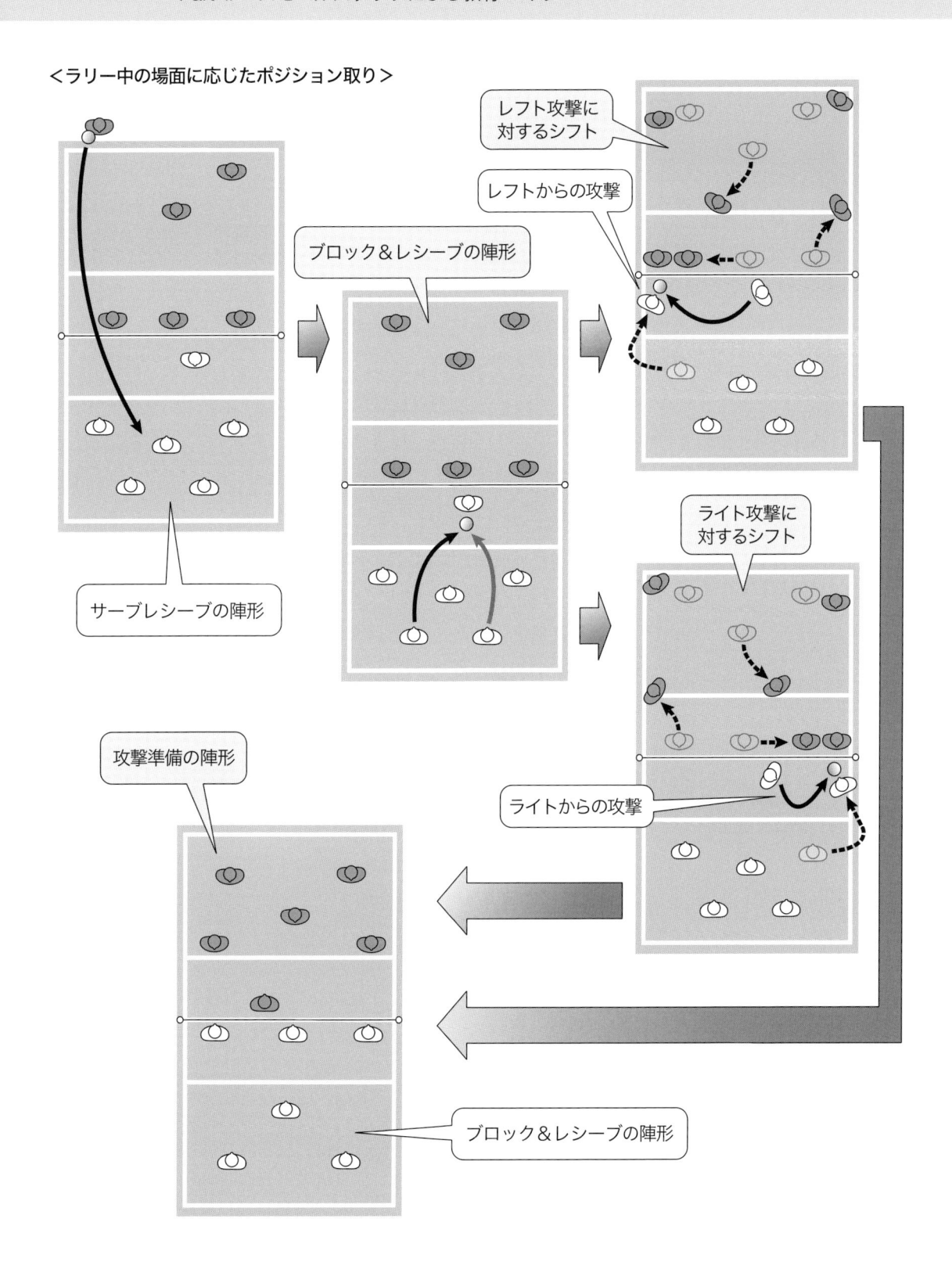

Part II　スモールステップによる教材づくり

<ラリー中の場面に応じたポジション取り>

サーブレシーブの陣形

→ ブロック＆レシーブの陣形

→ レフト攻撃に対するシフト / レフトからの攻撃

→ ライト攻撃に対するシフト / ライトからの攻撃

→ 攻撃準備の陣形

→ ブロック＆レシーブの陣形

- 61 -

[1] スキルアップ教材

　ここでは、サーブ、サーブレシーブ、ブロック、パス、コンビネーション攻撃に関する技能を高めるための教材を7つ紹介します。個々の技能が向上し、ボール操作に余裕がでてくると、ボール以外のことに意識を向けることができるようになってきます。これにより、レシーブからセットアップを経てアタックに至るまでの精度を高めるとともに、相手チームの状況に対応した攻防を展開することが可能になります。

スキルアップ教材──サーブの基本練習

● めあて

　ボールを確実にヒットし、ネットを越えるようにしよう。

● 行い方

　パートナーが片手の上に乗せて差し出したボールを、サーバーが打ちます。相手コートのどこに落とすかをねらうのではなく、ネット上方の「面」をどのように通過させるかを意識して打つとよいでしょう。慣れてきたら、自分でボールを差し出して打ちます。ボールを差し出すとき、打つ側の手を後ろに引いて、準備を整えておくことがポイントです。

■ 発　展

　ボールを前方斜め上に差し出し、テニスのサービスのように、オーバーハンドで打ってみましょう。このとき、スナップをきかせたり、逆に手首を固めたりして打ち、ボールの回転の具合を確かめてみましょう。

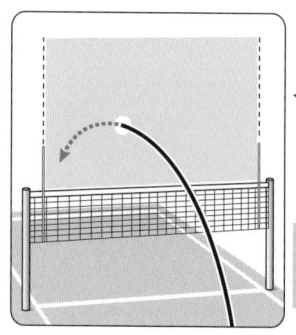

▶ check point
① 打つ手と反対側の足のつま先は、相手コートのほうを向いていますか？
② 後ろ足から前足への体重移動にタイミングを合わせて打っていますか？
③ 打った後、あらかじめねらいを定めていたネット上方のボール通過点に向かってフォロースルーができていますか？
④ 自分でトスを上げて打つ場合、打つほうの手を準備してから、片手でトスを上げていますか？

◀ 発　展

▶ check point
①（右手で打つ場合）左足のつま先を前に向け、左手を高く前方に差し出してトスを上げていますか？
② 打った後、後ろ足（右足）が1歩前に出るよう、前足（左足）に体重を乗せて打っていますか？

Part Ⅱ　スモールステップによる教材づくり

スキルアップ教材──サーブレシーブの基本練習

● めあて

　ボールを手の正しい位置（手首よりも少し肘のほうに寄ったあたり）で受け、ねらったところにコントロールして返球しよう。

● 行い方

　レシーバーは、パートナーから投げ出された（または打ち出された）ボールをアンダーハンドで受け、自分の直前に転がします。組んだ手の肘をしっかり伸ばし、足首や膝を柔らかく使ってボールの勢いを緩めるようにします。野球やソフトボールで、ピッチャーの正面にバントを転がすようなイメージです。慣れてきたら、サーバーとレシーバーの間にセッターを立て、そこに山なりに返球するようにします。

■ 発　展

　ネットの向こうからサーブされたボールをレシーブします。サーバーは、はじめはアタックライン上からサーブを出し、徐々にエンドライン方向に離れていきます。

▶ check point
① 「イチ」で落下点に移動し→「ニ」で組み手でボールを呼び込み→「サン」でボールを軽く押し出す、という動きのリズムはできていますか？
② ボールは両腕に均等に当たっていますか？
③ セッターに返球する場合、ボールを体全体でセッターの方向に押し出すようにしていますか？

スキルアップ教材——二枚ブロックの練習

● めあて
隣のブロッカーと間をあけないようにし、タイミングを合わせて手を出そう。

● 行い方
2人のアタッカーが、セッターに向かって右寄りと左寄りに、それぞれ1人ずつ位置します。反対コートでは、3人のブロッカーが、各アタッカーの正面とセッターの正面に位置して準備します。セッターは任意のサイドのアタッカーにセットアップ（投げてもよい）します。セットアップに合わせて中央のブロッカーは左右に移動し、二枚ブロックでアタックを防ぎます。アタッカーはブロックにぶつけるように打ちます。ポジションを適宜交代しながら練習しましょう。

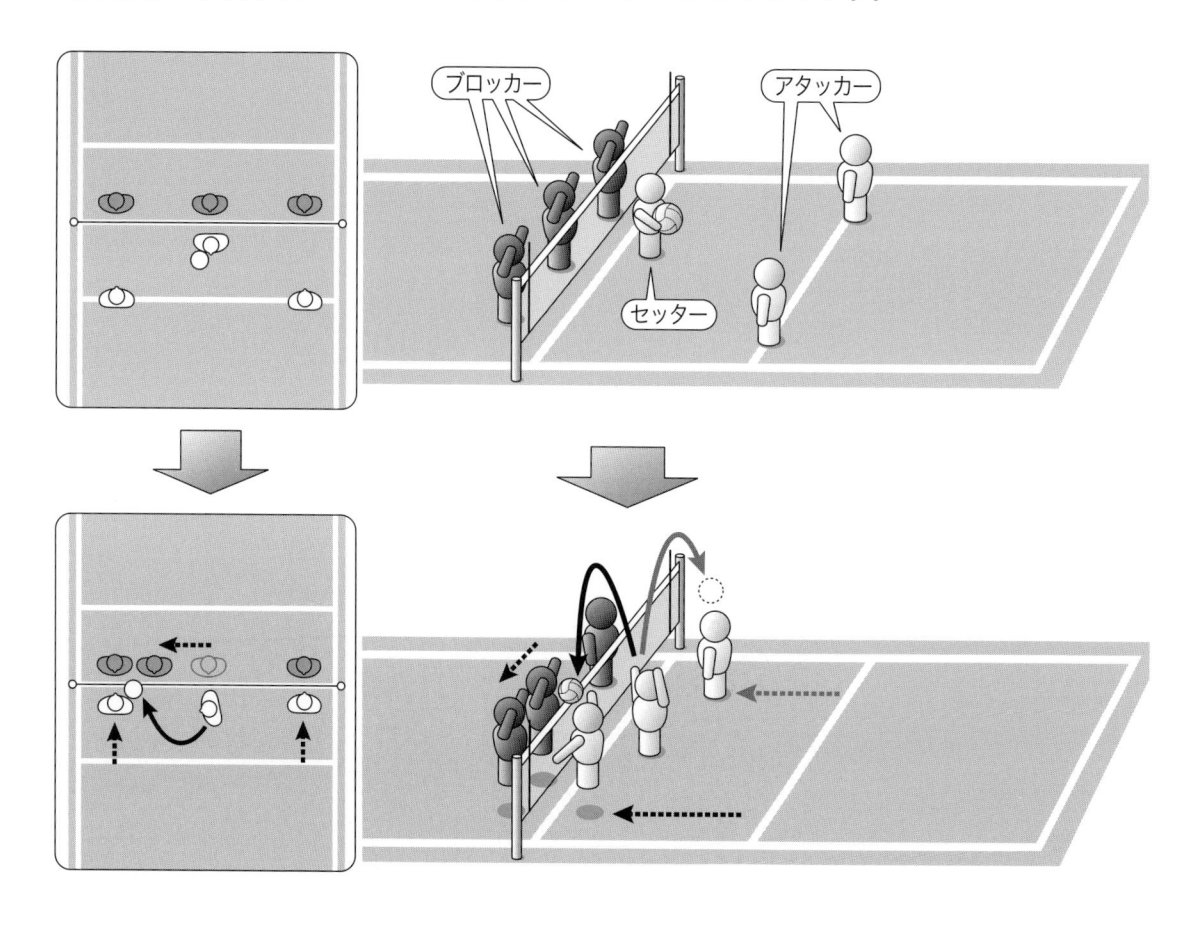

▶ check point
①センターから移動するブロッカーは、外側の足をしっかり踏ん張って、ジャンプが横に流れないようにしていますか？
②ブロッカーは声を掛け合ってジャンプのタイミングを合わせていますか？
③空中で肩のラインがネットと平行になっていますか？

スキルアップ教材――オーバーハンドパスのタイムトライアル

● めあて

手の形（親指と人差し指で囲んだ三角形）をしっかりつくり、体全体の力をボールに伝えて高く上げよう。

● 行い方

「用意、はじめ」の合図で、直上オーバーハンドパスを連続して行います。ボールを高く上げるようにして、なるべく長い時間かけて10回続け、最後にキャッチします。パートナーは、「はじめ」の合図から、最後にキャッチするまでの時間を計ります。慣れてきたら、2人で対面パスの形式で行ってもよいでしょう。この場合、2人の距離を4～6mほどあけ、10往復行います。時間は、他のペアの人に計ってもらいましょう。

▶ check point
①ボールを受けるための「器」（手の形）はできていますか？
②ボールの落下点に正しく移動していますか？
③腕だけでなく、足首や膝の動きを使ってボールを上げていますか？

スキルアップ教材──リズム合わせパス

● めあて
周りの状況をみながら、息を合わせてパスをし合おう。

● 行い方
2～3人で組になり、各自で直上パスを連続して行います。徐々に周りの人とタイミングを合わせ、ボールが同時に手に触れるようにしていきます。オーバーハンドパスとアンダーハンドパスを、それぞれ1分間ずつ行います。

▶ check point
①ボールを空中に出した後、ボールから目を離して周りの状況をみていますか？
②ボールの高さを調整するだけでなく、高い姿勢で早くボールに触れるようにしたり、低い姿勢でボールに触れるまでにタメをつくったりして、タイミングを合わせる工夫をしていますか？

Part II　スモールステップによる教材づくり

スキルアップ教材──ボール転がしパス

🔘 めあて

相手の状況に目を配りながらボールを送ろう。

※パスした後、すぐに周りの状況を確認することにより、場面に応じた適切な陣形をすばやく整えることができ、ボールのつなぎがよくなります。

🔘 行い方

2人組で、ボールを2個使用します。一方のボールは床上を手で転がして送り合い、もう一方は上空をオーバーハンドパスで送り合います。はじめは、オーバーハンドパスのかわりにキャッチ＆スローとしてもよいでしょう。また、進んだ段階では、床上を転がすボールをキックして扱うようにします。

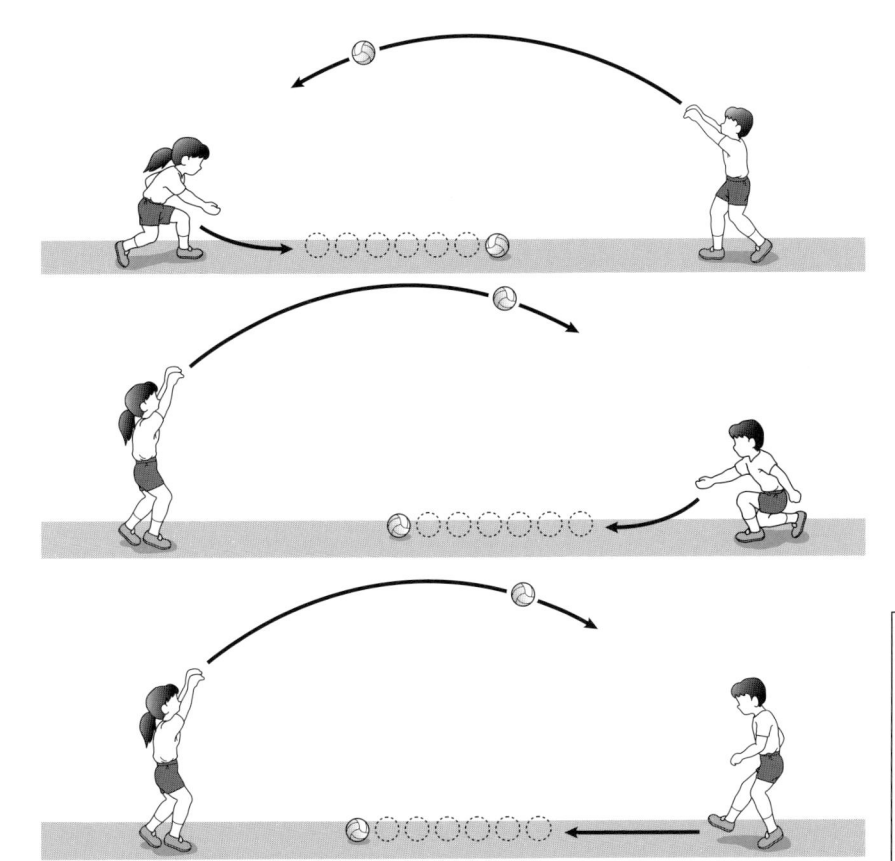

▶ check point
①ボールを送り出したら、すぐに次の（自分のところに来る）ボールに目を移し、ボールを受ける準備をしていますか？
②相手のパスの状況を判断して、ボールを転がすタイミングを計っていますか？

スキルアップ教材──三段攻撃のパターン練習

▶ check point
① レシーバーは、セッターに山なりのボールを返球していますか？
② セッターは、ボールを送り出す方向に体を向けてセトアップしていますか？
③ セットアップの高さや位置は、アタッカーにとって打ちやすいものですか？
④ アタッカーは、レシーブの状況やセッターの体勢を判断して、助走開始の位置やタイミングを調整していますか？

● めあて

声をかけ合って、レシーブ―セットアップ―アタックのリズムをつくろう。

● 行い方

リーダーからバックコートにボールを投げ入れ、レシーブ―セットアップ―アタックとつなげます。打ったボールは、ボール拾いの人が捕ります。役割を交代しながら練習しましょう。

Part III

授業実践の事例
　ドッジボールから
　　バレーボール型ゲームへ

はじめに

　Part Ⅲでは、本書の考え方に基づいて実際に小学校で行われた授業を取り上げた事例研究を紹介します。この研究では、子どもたちのドッジボールの経験をバレーボール（バレーボール型ゲーム）の学習にどのように活かしうるのかを考えています。とくに、あらゆるボールゲームの基本となる「攻撃」や「防御」の概念が、子どもたちの中に形成されていく様子を追っています。

※以下は、『宮崎大学教育文化学部附属教育実践総合センター紀要』（第13巻、2005年）に掲載された論文を加筆・修正したものです。

研究の目的

　現行の小学校学習指導要領に「バレーボール型ゲーム」や「ソフトバレーボール」が登場したことを受け、多くの小学校体育授業で「ネットをはさんだ集団対集団の攻防」を特徴とするゲームが実施されるようになっています。しかし、児童にとって「弾く」（volley）というボール操作を要請されることや、1人で続けてボールを扱うこと（ダブルコンタクト）が認められないルールに適応することは、容易ではありません。

　この点に配慮して、これまでにさまざまな教材が考案され、授業実践に工夫が凝らされてきました[1)2)3)4)5)6)7)]。それらには、床面へのボール落下を一定程度許容する、触球回数の制限（3回以内）を緩やかにする、ボールの保持（ヘルドボール）を部分的に許容するなど、総じてボール操作の難しさを和らげることによって「プレイヤーの自由度」を増大させようとする意図が窺われます。近年、国際的に隆盛している「戦術アプローチ」の観点から見れば、こうした「修正」（modify）は、ゲーム中の「ボール操作以外のことがら」をクローズアップすることによって、「ボールを持たない動き」（off the ball movement）の向上を企図するものであると考えられます[8)]。

　ところで、上記の諸教材は、いわゆる「公式ルール」に準拠したバレ

Part III 授業実践の事例―ドッジボールからバレーボール型ゲームへ

ーボール（またはソフトバレーボール）の競技方法を一部改変して、いわば「バレーボールから下ろして」創り出されたものといえます。しかし、スポーツの歴史が教えるように、今日、我々が「常識的知識」[9]として保有している当該の競技方法は、バレーボールの誕生当初から人々に知られていたわけではありません。コートに立ったプレイヤーにまず際立ってくるのは、相手チームと競り合って勝ち取ろうとすることがら（以下「競争目的」と表記）であって、これを達成するための方法（以下「競争方法」と表記）は、種々の試行錯誤を経て後から考案されたものであると考えられます。例えば、近年、国際試合はもとより中学生の競技会でも多用されるようになった「ジャンプサーブ」[10]は、その考案当初、多くの人々にとって「目新しい」「常識を覆す」ものでしたが、今ではほとんど「常識」となっています。しかし、たとえ次々に新たな競争方法が出現したとしても、バレーボールでは、サーブやアタックの威力、レシーブやセットアップの巧みさ等々ではなく、相手コートにボールを落とすことが競い合われるのであり、この競争目的は競争方法の新規出現によらず維持されます。すなわち、競争方法はあくまで従属変数であって、バレーボールのゲーム構造を決定づける説明変数にはなり得ないと考えられます。[11]

　このことは、我々の常識的知識からイメージされるバレーボールを「正しいもの」「向かうべき先」と見なし、そこから「下ろして」教材を構成するという発想が、大きな問題を含んでいることを示唆しています。すなわち、競争目的への意識――そもそも私たちは「バレーボール」と命名されたゲームで何を競い合っているのか――が置き去りにされ、所与の競争方法を実行することばかりが追求されることになりはしないか、という疑念が喚起されるのです。例えば、「ネットをはさんだ集団対集団の攻防」を、レシーブ、セットアップ、アタックといった「常識的な」方法を用いて行うよう児童に求めても、彼らが直ちにその意味（合理性）を理解し納得に至るとはとうてい思えません。仮に技能向上によって上記の課題が達成されたとしても、彼らを「三段攻撃をすることになっているから……」という「思考停止」状態におとしめてしまう危険性は払拭されないのです。

　以上を踏まえると、小学校体育科における「ゲーム」領域（バレーボ

- 71 -

ール型ゲーム）や「ボール運動」領域（ソフトバレーボール）の学習指導は、競争目的――バレーボールでは何が競い合われるのか――の理解から出発すべきであると考えられます。そのためには、バレーボールを「結果の未確定な競争」として成立させているゲーム構造に依拠しながら、競争課題への気づきとその解決に向けた工夫を促進するような、すぐれた教材を創出する必要があります。その際、児童が日頃の遊びの中で培ってきた経験知を活用することは、有効な手立てとなるでしょう。

　このことに鑑み、私たちは、多くの児童が体育授業や休み時間に経験しているドッジボールに注目しました。ドッジボールは、地域や集団ごとにさまざまなローカルルールが採用されますが、相手方コートへの侵入を禁止するルールや、ボールを当てられた「内野」がアウトになるというルールは一貫しています。ここで、ボールを持った内野（攻撃側）は、自コートと相手方コートを区分する境界線まで詰め寄って、相手チームの内野を狙ってボールを投げつけます。このとき、防御側の内野はコート後方まで退却し、攻撃者との距離を保ちながらボールを捕ったり避けたりします。そして捕球に成功すると、直ちにそのボールを持って前線まで攻め上がり、相手方に反撃を加えます。

　このように、ドッジボールは「境界線をはさんだ的（＝人）当てゲーム」として行われており、バレーボールとの間に高い類縁性が認められます。すなわち、コート後方で守り、ボールを前線に運び、反撃するという課題解決の手順は、バレーボールのそれ（レシーブ→セットアップ→アタック）と同型であり、ドッジボールの場合、これを独力でまかなっているものと見なすことができます。何より重要なことは、児童がこのような一連の戦術的行動を、「攻撃と防御の合理的方法」としてすでに採用しているということです。このような「戦術的気づき」(tactical awareness) をバレーボールの学習に活かすことは、きわめて有用であると考えられます。

　そこで本研究では、「バレーボール型ゲーム」の前段階に当たる小学校2年生を対象に、バレーボールのゲーム構造の視座からドッジボールに改変を加えた教材を考案・適用しました。本研究の目的は、ドッジボールにおける「戦術的気づき」の転移と発展の可能性について、戦術学習ならびに技能習得・習熟の観点から検討を加えることです。

方　法

1　単元の設定

2004年10月下旬から11月上旬にかけて、宮崎県内の小学校2年生（男子12名、女子15名）の学級で、甲斐周作教諭（以下、「先生」と表記します）が、「ゲーム」領域の授業（6時間扱い）を実施しました。研究の目的、内容、方法については、事前に校長に説明を行い、承諾を得ています。単元の流れはおよそ表3-1のようでした。

2　教　材

(1)投球動作習得のための下位教材：帽子スイングと帽子投げ

　毎時間の冒頭、投球動作のポイントを押さえるために、帽子の鍔を持ってシャドウピッチングを行いました。腕を力強く、すばやくスイングさせ、大きな「風切り音」を出すよう促しました。また、利き手と反対側の足を前方に踏み出すことにより、上体の捩り戻しを使ってスイング

図3-1　帽子投げ

表3-1　単元の流れ

第1時	第2時	第3時	第4時	第5時	第6時
投球動作習得のための下位教材 （帽子スイング、帽子投げ）					
3人対3人のドッジボール	演示（スペースアタックゲーム）	捕球・投球習熟のための下位教材（どんどんパスゲーム）			
	スペースアタックゲームの実践練習				スペースアタックゲーム大会

図3-2 どんどんパスゲーム

するよう指導しました。
　この練習の最後に、実際に帽子を投げて飛距離を競うゲームを行いました。

(2)投球・捕球技能習熟のための下位教材：どんどんパスゲーム
　ソフトバレーボール（空気を少し抜いたもの）を用いて、約4mの距離で1分間連続キャッチボールを行いました。投法はオーバーハンドスローで行うよう指導しました。なお、主要教材のゲーム（後述）を想定し、一方のサイドに1名、他方に2名を配し、2名の側については1投ごとに交代で参加することにしました。

(3)主要教材：スペースアタックゲーム
　図3-3のコートを2面設営し、1チーム3名を「前衛」（アタッカー）1名と「後衛」（レシーバー）2名に役割分担しました。ボール操作はすべて「捕る」と「投げる」で行うことにしました。アタッカーの課題は、相手コート後方の「得点ゾーン」めがけてボールを投げる（攻撃）ことです。レシーバーの課題は、得点ゾーンにボールを落とさないように捕球し、アタッカーにパスすることです。なお、アタッカーが相手チームの攻撃を妨害したり、相手アタッカーからのボールを直接捕ったりすることは禁止しました。
　攻撃が成功した場合（イン）、または相手レシーバーが捕球に失敗した場合（ワンタッチ）、得点としました。アタッカーの投球がコート外

Part III 授業実践の事例―ドッジボールからバレーボール型ゲームへ

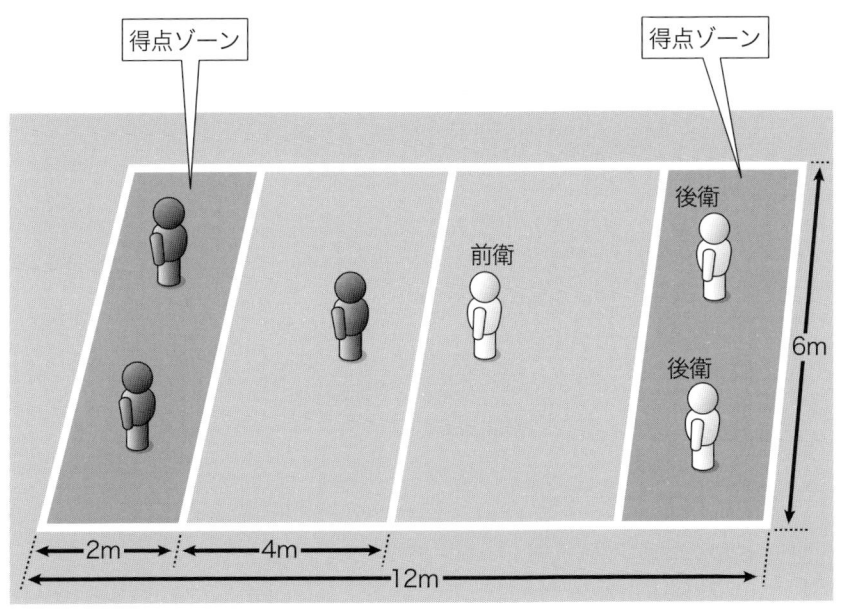

図 3-3 スペースアタックゲームのコート

図 3-4 スペースアタックゲーム
「さて、どのこスペースをねらおうか」

図 3-5 スペースアタックゲーム
「ナイスレシーブ！」

にノーバウンドで出た場合（アウト）には、失点としました。なお、投球が相手コート内のセンターラインから得点ゾーンまでの間に直接落下した場合には、得失点の対象外とし、プレイを続行しました。両チームの得点合計が5の倍数に達するごとに、各々のチームのメンバーはポジションを時計回りに1つ移動する（ローテーション）ことにしました。

　ゲーム開始時の前衛同士がジャンケンを行い、勝った側から攻撃を開始しました。1ゲーム5分間で実施し、ゲームの順番待ちをする待機児童には、触球回数カウント係（後述）、審判・得点表示係などを分担して行わせました。

3　データの収集と分析

(1)ゲーム中の触球回数調査

　第1時間目のドッジボールおよび第2～6時間目のスペースアタックゲームにおいて、待機児童にゲーム中の個々の児童の触球回数をカウントさせ、ゲーム終了直後に先生が記録しました。

(2)児童による授業評価と記述

　毎回の授業終了後、すべての児童に形成的授業評価票[12]（表3-2）を配

表3-2　形成的授業評価票
　下のしつもんについて、あてはまるものに〇をつけてください。

1	楽しかったですか。	はい	どちらでもない	いいえ
2	せいいっぱいぜんりょくをつくしてうんどうすることができましたか。	はい	どちらでもない	いいえ
3	ふかく心にのこることやかんどうすることがありましたか。	はい	どちらでもない	いいえ
4	いままでできなかったこと（うんどうやさくせん）ができるようになりましたか。	はい	どちらでもない	いいえ
5	「あっ、わかった！」とか「あっ、そうか」と思ったことがありましたか。	はい	どちらでもない	いいえ
6	自分からすすんで学しゅうすることができましたか。	はい	どちらでもない	いいえ
7	自分のめあてにむかって何回もれんしゅうできましたか。	はい	どちらでもない	いいえ
8	友だちとおたがいにおしえたり、たすけたりしましたか。	はい	どちらでもない	いいえ
9	友だちときょうりょくしてなかよく学しゅうできましたか。	はい	どちらでもない	いいえ

付し、当該授業を評価させました。この調査票は、各質問項目に対して3回答選択肢（「はい」「どちらでもない」「いいえ」）のうち一つを選択させるものです。この回答選択肢には、1～3点の重みが与えられており、この点を集計することによって当該尺度および下位尺度のスコアが算出されます。

なお、調査票の末尾には自由記述欄を設け、その授業で「楽しかったこと」「わかったこと」「できるようになったこと」や、「ドッジボールとの比較」に関わる感想の記述を求めました。

(3)授業の視察と分析

第2～6時間目の授業中、先生の言語行動（説明、指示、発問、相互作用など）と児童の学習行動をVTRに収録しました（第1時間目は筆者らの事情により、VTR収録なし）。カメラは活動の場から離れた位置（体育館2階）に設置し、ズームの調整によって対象者に接近するよう努めたので、児童が「被写体としての自己」を意識することはほとんどなく、カメラの存在が学習活動に大きな影響を与えることはなかったと考えられます。

事後、VTRを再生し、児童における運動（ボール操作技能およびゲーム）の習熟位相を視察・分析しました。その際、授業直後に先生から聴取したinformal interviewの記録、および先生が毎時間の授業を振り返って学習の進捗状況や課題を書き留めた「授業メモ」を参照しました。

結果および考察

1　数量データから窺われる授業成果

表3-3は、毎時間のゲーム（ドッジボールまたはスペースアタックゲーム）5分間における1人あたりの平均触球回数と、触球回数が10回未満の児童数を示しています。

平均触球回数は単元の進行とともに増加し、第6時間目には17.26回に達しています。これと反比例するように、ゲーム中の触球回数が

表 3-3　ゲーム中の触球回数

	第1時	第2時	第3時	第4時	第5時	第6時
平均触球回数（回）	9.48	12.93	13.29	15.42	15.52	17.26
触球回数10回未満の児童数（人）	15	9	6	4	4	1

注）第1時はドッジボール、第2時以降はスペースアタックゲーム（各5分間）における触球回数を示す。

10回に満たない児童の数は、当初、学級全体の半数以上（15名）でしたが、最終時にはわずか1名に減少しています。つまり、もともと触球回数の多かった児童がさらに回数を伸ばしたというよりも、むしろボールに触れる機会の少なかった児童の大半が、ゲーム中10回以上、ボールを直接扱うようになったことを示しています。

このことを直ちに「授業成果」と断ずることは早計ですが、少なくとも個々の児童にプレイの機会とその成功経験が潤沢に保障されることは、授業に好影響をもたらすと考えられます。その一端は、図3-2の形成的授業評価得点（各次元および総合評価）の推移からも窺い知ることができます。

ここでは、単元の進行とともに、総合評価と「協力」次元の得点が大きく増加し、「成果」次元と「学び方」次元も総じて増加傾向でした。また、「意欲・関心」次元は一貫して高いレベルで推移し、第6時には満点に達しました。この結果を形成的授業評価の診断基準に照らしてみると、総合評価の評定は「3」から「5」へと向上し、とくに第6時には、すべての次元で「5」と評価されていることになります。すなわち、児童にとって、本単元は「技能目標」「認識目標」「社会的行動目標」「情意目標」がきわめて高いレベルで成就された「よい授業」をもって幕を閉じたと言えます。[13]

このような成果が、本単元に適用した教材に多くを与っていることは言うまでもありません。「教材づくり」に当たっては、児童の学習意欲を喚起しながら陶冶目標に迫るために、「素材」となるスポーツや運動遊びに「内容的視点」および「方法的視点」から加工・改変を施すことが必要とされています。本単元の場合、少人数（3人）でローテーションしながら得点ゾーンの防御と相手コートの攻撃を分担して行う「スペ[14]

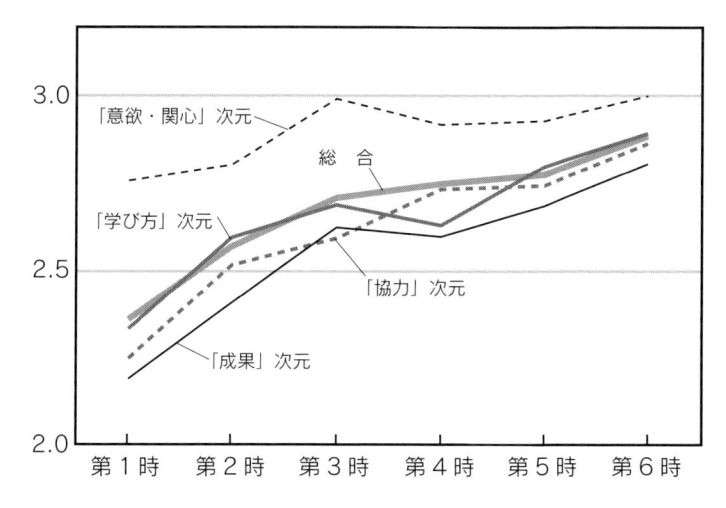

図 3-2　形成的授業評価得点

ースアタックゲーム」においては、個々の児童が多くの触球機会に恵まれるとともに、当該場面における課題（スペースを守る、スペースをねらうなど）を理解することも容易になっています。また、ゲーム中の成功経験を保障するために、下位教材（帽子スイング、帽子投げ、どんどんパスゲーム）によって技能習得・習熟を図る配慮もなされています。これらがうまく機能し、形成的授業評価得点の向上に帰結したものと考えられます。

　しかし、たとえ優れた教材が適用されても、直ちにそれが授業成果に結びつくわけではありません。教材の有効性を引き出し、児童の学習を適切に方向付ける教授行為の適切さが問われることになります。そこで以下、VTR 資料、先生の「授業メモ」ならびに児童の自由記述に依拠しながら、本単元の授業過程に考察を加えていきます。

2　スペースアタックゲームの授業過程

　第１時のドッジボールの経験によって、児童間に触球回数の偏りがあることや、ドッジボール（ボール遊び）が嫌い（苦手）な者が３割ほどいるという実態が浮き彫りになりました。これを受けて、先生は次時から、①「ボールを人にぶつけるゲーム」ではなく「ボールでコート（スペース）をねらうゲーム」、②「ボールを避けるゲーム」ではなく「ボールを進んで捕りに行くゲーム」、③「同じ人ばかりボールに触るゲ

ーム」ではなく「みんながボールに触ることができるゲーム」、の3点を基調とする「新型ドッジボール」を行うことを告げました（後に「スペースアタックゲーム」という名称を紹介）。

　第2時、スペースアタックゲームの説明後、早速ゲームに入りましたが、多くの児童にはそれまでドッジボールで育まれてきた「常識的知識」が色濃く残存していました。例えば、アタッカーにおいては、攻撃後、自コート後方まで後退して防御態勢に入ってしまうケースや、速球を投げることばかりに意識が向いてアウトを連発するケースが散見されました。また、レシーバーにおいては、ボールを「避ける」意識が強く働き、得点ゾーンの防御が疎かになってしまう者や、逆に、見送ればアウトになるボールに手を出して落球する者が多々見られました。とはいえ、授業後の反応はたいへん良好で、全員の児童が「楽しかった」「またやりたい」との回答を寄せています。ボール操作技能の未熟さや戦術的課題の理解不足はあるものの、多くの児童がゲームに主体的に参加することができたという実感を持っているとみてよいでしょう。

　そこで、第3時と第4時の冒頭、先生は「ボールを持っているときの工夫」と「ボールを持っていないときの工夫」について児童に問いかけ、「レシーバーがいないところをねらって投げる」「アタッカーにすばやくボールを送る」「守備陣形の偏りをなくす」「アタッカーは前線でパスを受けて攻撃する」といったポイントを確認しました。また、投球・捕球技能の習熟を狙ったドリルゲーム（どんどんパスゲーム）を新たに盛り込みました。

　すると、児童には次のような変容がみられるようになりました。

①投球・捕球に対する意欲が高まり、とくにそれはドッジボールを苦手としていた児童に顕著でした。

②投球のコースや勢いをコントロールして相手方得点ゾーンの空きスペースをねらった攻撃が多くなり、アウトになるボールが減少しました。これに対応して、レシーバーもアウト・インを正確に判断できるようになりました。

③アタッカーの位置取り（前線に待機すること）が的確になるとともに、レシーバーからアタッカーへのボール移動とそこからの攻撃が迅速に行われるようになり、ゲームがテンポアップしました。

Part III 授業実践の事例―ドッジボールからバレーボール型ゲームへ

図3-6 レシーバーからアタッカーへのすばやいパスが見られるようになり、ゲームがテンポアップ

　これらの変容は、児童の従来の「知識」（ドッジボールの常識的知識）が解体し、新たに「スペースアタックゲームの知識」が構築され始めたことを示しています。すなわち、児童は「防御から攻撃までを独力で賄う」というドッジボールの競争方法がここでは適さないことに気づき、「防御と攻撃をそれぞれ専門的に行う」という競争方法に合理性を見出したのです。今や、児童にとってアタッカーとレシーバーの役割分担は、「分担することになっているから」ではなく、「分担した方が都合がよい」という納得のもとで実行されています。この事態は、スペースアタックゲームという教材が「スペースの攻防」という競争課題を児童に端的に明示しているからこそ起こり得たものです。それは、「ねらうところ（が楽しい）」「相手がいないところに投げる」「（スペースの）ぎりぎりをねらって……」といった児童の記述によっても裏付けられます。

　第5時と第6時には、「スペースアタックゲーム大会」と題して9チームの総当たり戦を実施しました。先生は、すでにほとんどの児童がゲームの競争課題（スペースの攻防）とその解決に向けた基本的な方法について理解していると判断しました。そこで、授業のねらいを「作戦の立案と実行」に焦点化し、ゲーム開始前に3分間の「作戦タイム」を設けることにしました。すると、多くのチームで、アタッカーが移動したりフェイントモーションをかけたりして相手方の守備陣形を偏らせるとか、逆にレシーバーが意図的にスペースを空けて相手アタッカーの投

図3-7　ゲーム開始前に3分間の作戦タイムの時間を設定

球を誘うといった作戦が考案されるようになりました。それとともに、児童は偶発的な得点よりも、作戦の立案と実行によって得点を重ねていくことに大きな喜びを見出すようになっていきました。これらは、従前の「スペースをねらう」という段階から一歩進んで、「スペースを生み出す」「スペースを活用する」という段階に至ったことを示唆しています。

　なお、ここで興味深いのは、スペースアタックゲームで児童が採用した作戦（戦術的行動）が、バレーボールで用いられるそれときわめて類似した「動きの形」[15]をなしているという点です。しかも、それらの作戦は、先生が指し示したのではなく、各チームでの話し合いを通じて児童が考案したものでした。種々の球技種目における具体的なゲーム情況（context）を考えた場合、戦術とは、人、時間、空間の関わり合いで出現するものです。よって、相手方の陣形変化に対応可能な「動きのまとまり」を理解することは、戦術の「動きの形」を位置づける基本的要素となるものと考えられます。

　もとより集団対集団で行われる球技種目においては、ボールが「不可両立目標物」[16]として機能するので、それを保持する側（攻撃）と保持しない側（防御）の間に競り合いが発生します。バレーボールに引き寄せて言えば、「ボールを相手方コートに落下させる」という攻撃側の目標と、それを阻もうとする防御側の目標は不可両立であり、双方のチームがおのおのの目標実現に向けて行為することが、当該種目を「結果の未

確定な競争」として成立させる契機となっています。スペースアタックゲームにおいて、児童が「攻撃や防御の合理的方法」を講じ、工夫を重ねていったことは、彼らがバレーボールの「動きの形」の基本要素である「攻撃組立」の概念形成に成功したことを意味しています。

加えて、捕球・投球技能についても明らかな向上が確認されました。それは、どんどんパスゲームにおける記録の向上として数量的に把握されるばかりでなく、スペースアタックゲームにおいてレシーバーのキャッチミスが大幅に減少したことや、アタッカーへのパスがすばやく正確になったことによって、ゲームの展開が迅速化していったことからも窺われます。児童の自由記述にも、単元後半には投球や捕球が「上手になった……」と、技能向上に確かな手応えを感じている旨のコメントが多く記されています。

まとめ

本実践から窺われるのは、第一に、児童にとっての「防御」の意味合いが変化したことです。

ドッジボールにおいては、とくにボールゲームが苦手な児童にとって、防御とはすなわち「ボールを避ける＝ボールから遠ざかる」ことを意味します。彼らにいくらボールを積極的に捕るよう指導しても、「彼らに当てること」を意図して投げられたボールに立ち向かい、これを捕球することは至難の業です。しかも、ボールを捕る機会が少なければ、必然的に、投げる機会も少なくなるので、自ずと投球技能の進歩も低調になります。

一方、スペースアタックゲームの場合、アタッカーのターゲットは「人」ではなく「得点ゾーン」（スペース）であるため、そこにボールを落とそうとねらう相手方アタッカーは、ボールを（人に）「当てる」のではなく、逆になるべく「当てない」（捕られない）ことを意図して投げてきます。つまり、スペースを守るレシーバーの課題は、「ボールから遠ざかる」ことではなく、「ボールに接近する」ことなのです。

防御場面の課題に関する上記の相違は、それまでドッジボールをはじ

めとするボールゲームが苦手（嫌い）であった児童の行動に、大きな変容をもたらしました。スペースアタックゲームにおいては、どのレシーバーも、相手方アタッカーの攻撃を阻止しようと積極的な構えをとり、正面から外れたボールに対してもすばやく足を運んで捕球を試みるようになりました。さらには、これまでドッジボールが嫌いで昼休みに教室で過ごすことが多かった児童が、スペースアタックゲームの学習を機に、毎日、友達とドッジボールに興ずるようにもなりました。その理由を尋ねたところ、ボールを捕ることに自信が持てるようになったためであるとか。ドッジボールで相手チームのボール保持者に背を向け、コート内を逃げ惑っていた児童の姿は、もはやここにはありません。

　第二に、「攻撃」の意味合いにも変化が窺われます。

　ドッジボールにおいては、児童がボールを持って相手方を攻撃する場面は、つとめて個人的な技能発揮の場でした。確かに、内野－外野間のパス交換によって相手方内野に揺さぶりをかけるといった「戦術」がみられることもありますが、こうした場面に関与できるのはボール操作技能の高い児童に限られます。このことは、ドッジボールのゲームが「下手な子にはパスしない」「（相手チームの）下手な子をねらう」といった「技能依存型ゲーム」として実施されていることを示唆しています。

　これに対して、スペースアタックゲームでは、ローテーションを伴う役割分担によって、個々の児童が当該場面でどのような課題に取り組めばよいのかが明確化されています。しかも、センターラインという境界線によって厳然と区分された「あちら」と「こちら」のそれぞれのコート間で、必ず複数のプレイヤーを介しての「攻撃組立」を経て攻防が展開するので、場面転換は規則的に発生します。これによって、児童は競争課題（攻撃課題か防御課題か）の捉え違いや課題解決への対応の遅れを起こすことなく、ゲームに参加することが可能となっていました。

　この場合、攻撃とは、チームの作戦を実行することを意味するのであって、それは決して技能の高い者の専売特許ではありません。事実、従来ボールゲームを苦手としていた児童が、相手チームの防御の隙をうまく突いて得点を上げる場面が、単元の進行とともに頻繁に観察されるようになりました。多くの児童は、攻撃場面において、強い（速い）ボールを投げることよりも、むしろ得点に結び付くスペースを見抜くことや、

フェイントモーションなどによって相手方レシーバーに揺さぶりをかけてそうしたスペースを生み出すことが重要な課題であることに気づき、これをチームの作戦に反映させていきました。このように、スペースアタックゲームは「戦術依存型ゲーム」として立ち現れていました。

上記2点の変容は、スペースアタックゲームが、バレーボールから「下ろした」教材ではなく、児童の既知・既習の運動（ドッジボール）を修正して創り出された教材であったことによるところが大きいと考えられます。児童におけるドッジボールの常識的知識は試行錯誤を経て解体し、スペースアタックゲームの「知」、もっと言えば「バレーボールの知」の萌芽へと至りました。この事態は、「境界線をはさんだ攻防」という様式を備えたドッジボールにおける「戦術的気づき」が、同型の様式を持つゲームに転移・発展することの可能性を強く示唆するものであり、バレーボール型ゲームの学習指導を探究する上で極めて大きな意義をもっています。

今後、バレーボール型ゲームやソフトバレーボール、ひいては中学校以降のバレーボールの授業において、本対象者がどのようなゲームパフォーマンスをみせるのかを縦断的に検討するとともに、こうした「戦術的気づき」の他種目への転移可能性についても検討を重ねることが課題となります。

■注および引用・参考文献
1) 宮内孝・久徳理恵・鈴木理（2001）「友達とかかわりながら楽しむソフトバレーボールの実践」、『体育授業研究』4：56-63.
2) 宮内孝（2002）「仲間と連係しながら楽しむ『キャッチ＆スローバレーボール』の実践：バレーボールの本質的な楽しさを求めて」、『体育科教育』50(7)：60-63.
3) 伊藤達也・矢口奈穂子・澤田浩（2003）「子どもたちが創るバレーボール：『ザ・アタック』の実践」、『体育科教育』51(2)：34-38.
4) 藤原朗（2003）「Q＆A若手教師のための相談室：バレーボールの楽しさを味わえるゲームは？」、『体育科教育』51(7)：56-57.
5) 長島正明（2003）「かかわり合いを深めるソフトバレーボールの授業」、『体育科教育』51(11)：73-75.
6) 田中俊一（2003）「二年間のカリキュラムを見据えたソフトバレーボールの実践を通して」、『体育科教育』51(12)：69-71.
7) 前田路子（2004）「ソフトバレーボールの楽しい体育授業」、『体育科教育』52(3)：66-69.
8) Mitchell, S., Oslin, J., and Griffin, L. (2003) Sport foundation for elementary physical education. Human Kinetics: Champaign, IL.

9) 我々が持っている知識は、幼児期からの膨大な数の経験に支えられています。アルフレッド・シュッツは、これを「経験の受領証」と呼び、その人の経験の諸相を理解したり統御したりする方法として役立つものと述べています（シュッツ：渡辺光・那須壽・西原和久訳（1983）『社会的現実の問題Ⅰ』マルジュ社：東京、p.24）.
10) 鈴木理・土田了輔・廣瀬勝弘・鈴木直樹（2003）「ゲームの構造からみた球技分類試論」、『体育・スポーツ哲学研究』25(2)：7-23.
11) 鈴木理（2004）「ゲーム構造に依拠したバレーボール教材づくりのための基礎的研究」、『バレーボール研究』6(1)：1-6.
12) 髙橋健夫・長谷川悦示・刈谷三郎（1994）「体育授業の『形成的評価法』作成の試み」、『体育学研究』39：29-47.
13) 前掲12)
14) 岩田靖（1994）「教材づくりの意義と方法」、髙橋健夫（編）『体育の授業を創る』大修館書店：東京、p.26-34.
15) 戦術の「動きの形」とは，ゲーム情況を解決する動きが実現される空間的・時間的な遂行上の外的現象を意味します。それは、可視的な動きへの共感に基づいて捉えられると言われます（佐藤靖・浦井孝夫（1997）「『球技』の特性と分類に関する研究：中学校学習指導要領の分析を中心に」、『スポーツ教育学研究』17(1)：1-14).
16) プレイヤー全体で1個のボールを扱うゲームでは、ボールを持つ者（チーム）が「攻撃側」、持たない者（チーム）が「防御側」となり、ゲームのさまざまな構造的ディメンジョンにおいて両者が展開し、時には激しいコンフリクトさえ生じます。これに対し、ゴルフやボウリングなど、プレイヤーおのおのが1個ずつボールを持つゲームでは、「ホールに入れる」「ピンに当てる」といった目標がプレイヤー間で両立します。

Part IV

授業にすぐ役立つ学習資料

はじめに

　Part Ⅳでは、まず、バレーボールやソフトバレーボールの授業を実施する際に必要となる、コートやボールに関する知識をまとめてあります。次に、体育授業では、コート数や人数の事情から、ゲームに直接には参加していない順番待ちの場面も多く発生します。そのような時間を無為に過ごすことなく、認知的学習のために有効利用することは、戦術的内容に関する理解を深める上でとても大切です。
　そこで以下に、比較的簡便に記録することができる、ゲームの振り返りカードをいくつか紹介します。

コートの設営

■コート

　図4-1は、一般的なルールで規定されている6人制バレーボールのコートです。長辺（サイドライン）が18m、短辺（エンドライン）が9mとなっています。長辺の中点を結ぶ線をセンターラインといい、これによってコートが2つに区分されます。さらに、センターラインから3mのところに、アタックラインが引かれています。また、コートの外には、サイドラインの延長線上に、サービスゾーンの端を示す短いマーク（長さ15cm）が打たれています。通常、中学校の体育館には、これらのラインが引かれているか、ポイントが示してあることが多いようです。
　なお、これらのラインはすべて幅5cmであり、サイドラインとエンドラインはコートに含まれます。つまり、ライン上にボールが落ちた場合には、「イン」となります。
　図4-2は、国内の小学生の大会で用いられるコートです。サイドラインが16m、エンドラインが8mと、やや小ぶりになっています。また、アタックラインも、センターラインから2.7mのところに引かれます。
　図4-3は、ソフトバレーボールの一般的なコートです。ふつう、バ

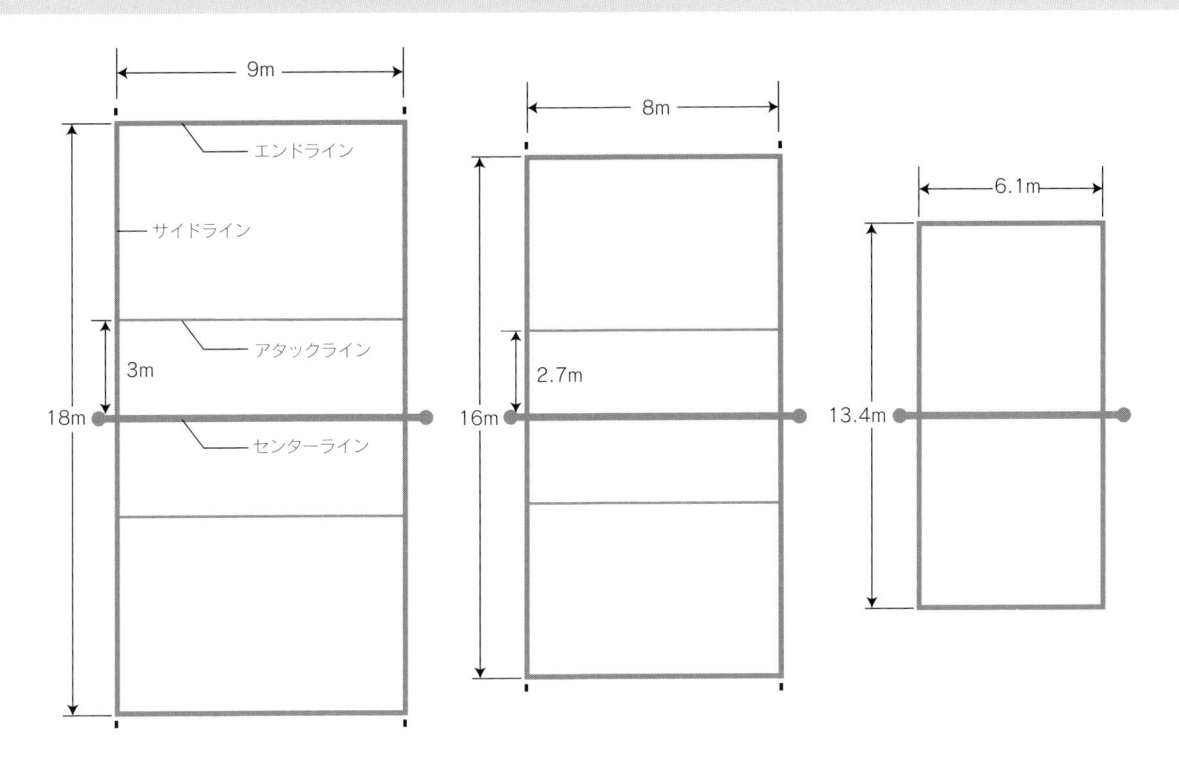

図 4-1　一般的な 6 人制のコート　　図 4-2　小学生大会のコート　　図 4-3　ソフトバレーボールのコート

ドミントンのコートを利用することが多いようです。サイズは、サイドラインが 13.4m、エンドラインが 6.1m で、中央にセンターラインが引かれます。

■ネット
　6 人制の場合、ネットは幅 1m、長さ 9.5m で、10cm 四方の黒色の網目でつくられたものが用いられます。ネットの上部には白色の水平帯（幅 5cm）が取り付けられています。
　一般的なルールでは、ネットの高さは、中学校男子が 2m30cm、中学校女子が 2m15cm、小学校男女が 2m となっていますが、体育授業では、児童・生徒のレベルに合わせて変更することが多いでしょう。ネットの高さを決める場合のめやすとして、あらかじめ参加者全員の指高を測定しておき、その平均値にボール 1 ～ 2 個分を加えた値をネットの高さにする方法があります（図 4-4）。こうすれば、身長がそれほど高くない者やジャンプ力があまりない者でも、比較的容易にスパイクを打

図4-4　参加者の指高を基準にしてネットの高さを決める方法

つことができます。

　ソフトバレーボールの場合、バドミントン用の支柱に補助器具を継ぎ足してネットを張ることが多いようです。ネットは、ソフトバレーボール専用のものがありますが、バドミントンのネットを流用することも多いようです。高さは、一般的なルールでは2mとなっていますが、この場合も児童・生徒の実態に合わせて変更してよいでしょう。バドミントンの支柱をそのまま使えば、高さ1.5mになりますので、これに塩化ビニール製のパイプ等を適当な長さに切って継ぎ足せば、ほどよい高さにネットを張ることができます。

■その他
　6人制の一般的なルールでは、各サイドライン直上のネットに、サイドバンドとアンテナを取り付けることになっています。ソフトバレーボールでも、同様にアンテナが取り付けられます。体育授業で行うゲームでは、アンテナの有無の影響はそれほどないと思いますが、学習が進んで、ネット上のボールの通過点が問題となってきた場合には取り付け

ましょう。

　なお、事故防止のため、ネットの支柱（とくにワイヤー巻き取り機の部分）をやわらかいカバーなどで覆うことをお勧めします。

　その他、得点板や審判台、あるいはチームを識別するためのビブスなど、ゲームをスムーズに進めるための用具・器具は、学級の事情に合わせて準備します。

体育授業で活用されるさまざまなボール

■バレーボール

　6人制の一般的なルールでは、ゲームで使用するボールについて以下のように規定されています。

　○中学校男女（図4-5）：円周 63.1 ± 1.0cm
　　　　　　　　　　　　重さ 250 ± 10g
　○小学校男女（図4-6）：円周 63.1 ± 1.0cm
　　　　　　　　　　　　重さ 210 ± 10g

　なお、ボールの色については、「均一で明るい色か、複数色の組み合わせであること」と規定されていますが、最近では後者のカラーボールが広く普及しています。また、ボールの内気圧は、国内の競技会では $0.31 kg/cm^2$ に統一されています。

図4-5　中学生の大会の公式試合球　　図4-6　小学生の大会の公式試合球

図 4-7 ソフトバレーボール
（高学年用）

図 4-8 ミニソフトバレーボール
（低・中学年用）

■ソフトバレーボール

　バレーボールよりもやや大きく、やわらかいボールを使用します。具体的には、円周 78 ± 1cm、重さ 210 ± 10g とされています（図4-7）。

　なお、小学校4年生以下が対象となる場合には、ひとまわり小さく軽いミニソフトバレーボールを使用します（図4-8）。ボールの色は特に規定されていません。

■その他のボール

　最近、いわゆる公認ボールの他にも、レクリエーションやトレーニングなどの目的に合わせて、大きさ、重さ、手触り（手に当たったときの感触）などを工夫したさまざまなボールがつくられるようになりました。体育授業では、筋力がなくボールが遠くに飛ばせない子や、ボールが手に当たるのを痛いと言って嫌がる（怖がる）子など、ボールが原因で学習が停滞してしまうことがよくあります。既存のルールにこだわりすぎることなく、対象者のレベル、あるいは授業の目的に合わせて適切なボ

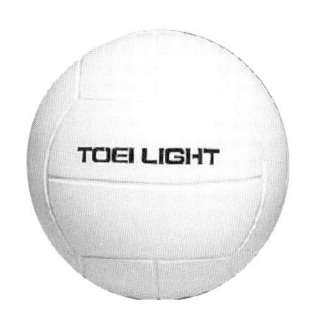

図4-9　ポリウレタン製のバレーボール

ールを使用することにより、子どもたちが安心して積極的にゲームに参加できるようにしたいものです。

学習カード

■ゲームの振り返り

　授業を効果的に進めるためには、ゲームの様子を振り返り、学習の成果と課題を押さえていくことが大切です。ゲームを行えば、勝ったり負けたりといった結果が出てくるわけですが、重要なのは、その要因を分析し、次のゲームに活かすことです。そのためには、あらかじめ視点を定めてゲームを観察・記録し、そこから得られた客観的なデータをもとに作戦を工夫したり、練習を進めていくことが必要です。

　そこで以下に、これまでに紹介してきたゲームに対応して、比較的簡単にデータを得るための方法を紹介します。記録用紙は、そのまま（または拡大）コピーして活用できるようにしてあります。

　通常、すべての児童・生徒がいっせいにゲームに参加することは少なく、コート外で交代要員として控えているメンバーや次のゲームの順番待ちをしているチームがあります。その人たちが観察・記録者となってゲーム中のチームのデータをとることにすれば、ゲームに参加していない時間帯にも学習活動をさせることができます。また、バレーボールを「する」ことばかりでなく、バレーボールについて「考える」重要な機会にもなります。

■コロコロゴールゲットゲームの分析

　コロコロゴールゲットゲームでは、相手方からの攻撃でゴールラインを割られないように守り方を工夫するとともに、そのボールを前線に運び、空いているコースをねらって反撃することがポイントとなります。

　ゲーム分析カードには、ネットをはさんで行き来するボールの軌跡を記録していきます（図4-11参照）。ゲーム後、これを読み取ることによって、相手チームがどのコースをねらって攻撃してきたのか、あるいは自チームはどの場所からどのコースをねらって攻撃していたのか、といったことが明らかになります。

　ゲームの様態を踏まえて、うまくいった点や工夫が必要な点についてチームで話し合い、次のゲームの作戦や練習を改善していきます。

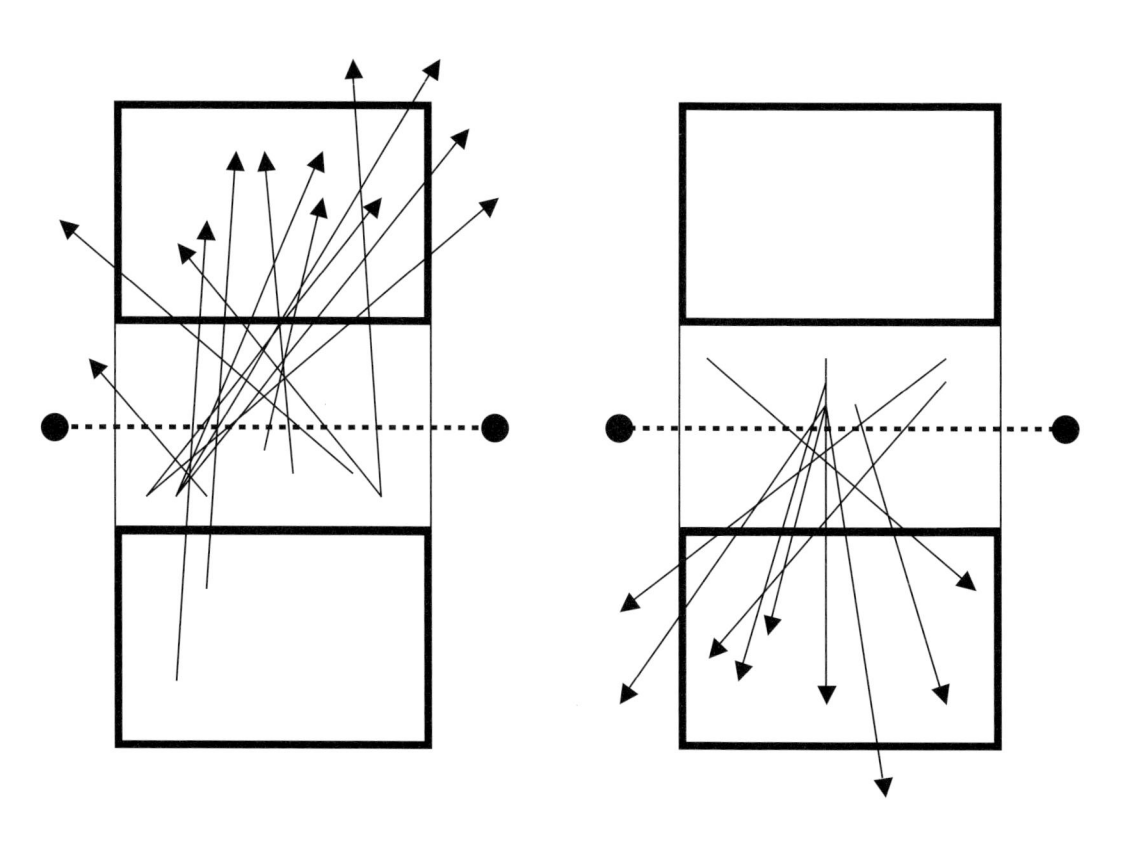

　　　自チームの攻撃のようす　　　　　　　相手チームの攻撃のようす

図4-11　コロコロゴールゲットゲームの分析カードの記入例

Part IV　授業にすぐ役立つ学習資料

コロコロゴールゲットゲームの分析カード

チーム名（　　　　　　　　　　）

（相手チーム：　　　　）（得点：　　）　　（相手チーム：　　　　）（得点：　　）

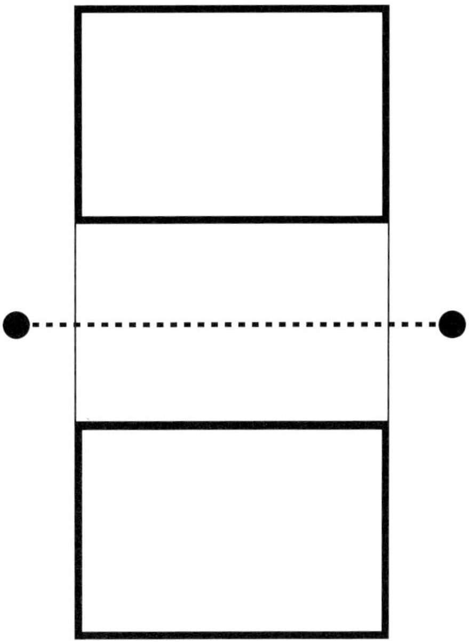

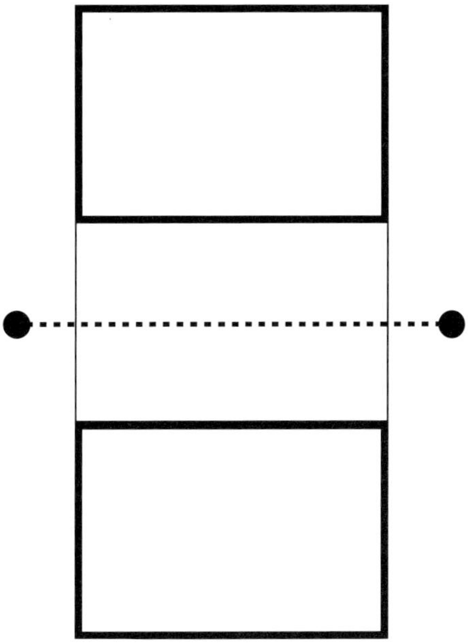

（自チーム）（得点：　　）　　（自チーム）（得点：　　）

〈ゲームのふりかえり〉
→うまくいったところや、もっと工夫が必要なところについて、チームで話し合って次のゲームに生かそう。

●守りについて

●攻めについて

図 4-10　コロコロゴールゲットゲームの分析カード

■攻撃組立の記録 1

　この記録表には、自コート内での触球（サーブを除く）がどのように行われたのかを、次の記号で記録していきます（図4-13参照）。

　　O：オーバーハンド（またはキャッチ＆スロー）による触球
　　U：アンダーハンド、片手、足などによる触球
　　A：アタック（強打、軟打を含む）
　　B：ブロック（手にボールが当たった場合のみ記録）
　　//：相手コートへの返球成功
　　/：相手コートへの返球失敗

つまり、ネットの向こうから飛んできたボールを再び相手コート側に返球するまでに、「レシーブ→セットアップ→アタック」という攻撃組立がどれくらい達成されたかが記録されます。相手コートにうまく返球できれば「//」、失敗の場合には「/」で区切っていきます。

　ゲーム終了後、返球成功率、アタックを用いた返球（A返球）の出現率、

UOO//UOA/UU/OOA//UOA//BOOA//U/UOA/B//UUA//UO/
OO//U/B//B/UOA//OOA//UUO//OA//U/UOO/UU//B//U/
UOA//B//UUA//UOO//UO/…………………

返球回数（/, // の合計）	56回…①	返球成功率 （②/①）×100	75 (%)
返球成功数（// の数）	42回…②	A返球出現率 （③/①）×100	46 (%)
攻撃回数（Aの合計）	26回…③	A返球成功率 （④/③）×100	77 (%)
攻撃成功数（A// の数）	20回…④	攻撃組立率 （⑤/①）×100	38 (%)
攻撃組立回数（OAの合計）	21回…⑤	セット攻撃成功率 （⑥/⑤）×100	90 (%)
セット＋攻撃成功数（OA// の数）	19回…⑥		

図4-13　攻撃組立の記録表1の記入例

攻撃組立の記録表①

チーム名（　　　　　　　　　　　　　　）　　→得点（　　　　　）
対戦相手（　　　　　　　　　　　　　　）　　→得点（　　　　　）

返球回数（/, // の合計）	回…①	返球成功率　（②/①）×100	（％）
返球成功数（// の数）	回…②	A 返球出現率（③/①）×100	（％）
攻撃回数（A の合計）	回…③	A 返球成功率（④/③）×100	（％）
攻撃成功数（A// の数）	回…④	攻撃組立率　（⑤/①）×100	（％）
攻撃組立回数（OA の合計）	回…⑤	セット攻撃成功率	
セット＋攻撃成功数（OA// の数）	回…⑥	（⑥/⑤）×100	（％）

記号
- O…オーバーハンド（またはキャッチ＆スロー）による触球
- U…アンダーハンド，片手，足などによる触球
- A…アタック（強打・軟打を含む）
- B…ブロック（手にボールが当たった場合のみ記録）
- //…相手コートへの返球成功
- /…相手コートへの返球失敗

図 4-12　攻撃組立の記録表 1

アタックによる返球の成功率（決定率ではなく、相手コートに返球できた割合）、攻撃組立（オーバーハンド＋アタック）まで持ち込めた割合、セット攻撃（オーバーハンド＋アタック）の成功率などを算出します。

これらのデータから、そのゲームでどの程度まで攻撃組立を達成したのかが明らかになります。とくに、第二触球のキャッチ＆スローを不可とする場合、「OA」の組み合わせが多数出現することが、意図的な攻撃を成功させるための重要なポイントとなります。

■攻撃組立の記録２

この記録表では、自コート内のどの場所からどの場所にボールが移動したのかを記録していきます。コートを１～９のグリッドに区切り、ネットの向こうから飛んできたボールを自コート内で受け渡しした軌跡を線で結んでいきます（図4-14参照）。

ゲーム後、次のような観点から分析することができます。

・「２」への集中度……レシーブがセッターに返球されている度合い
・「２→１」および「２→３」の頻度……セッターからのセットアップ→アタックの様態
・「４→３」「７→３」、あるいは「６→１」「９→１」……「対角へのセットアップ」がなされているか

これらのデータから、そのゲームで意図的な攻撃組立がどの程度達成

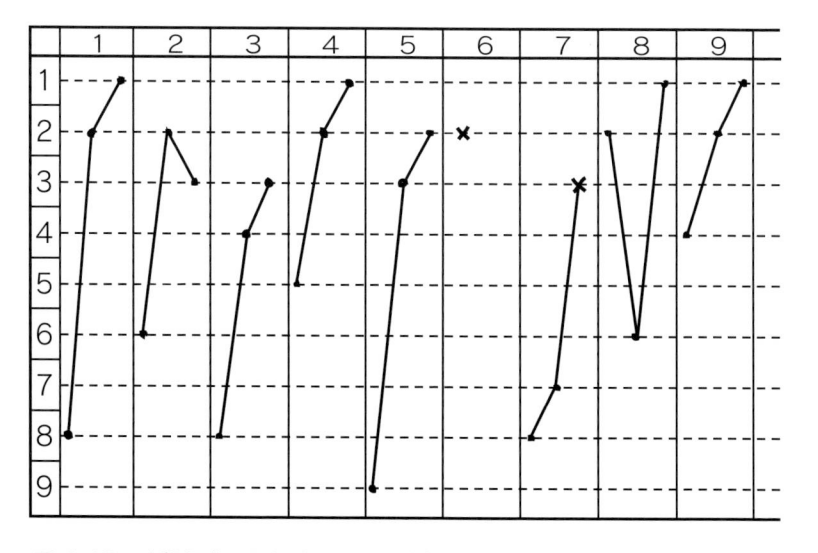

図4-15　攻撃組立の記録表２の記入例

攻撃組立の記録表②

チーム名（　　　　　　　　）　→得点（　　）

対戦相手（　　　　　　　　）　→得点（　　）

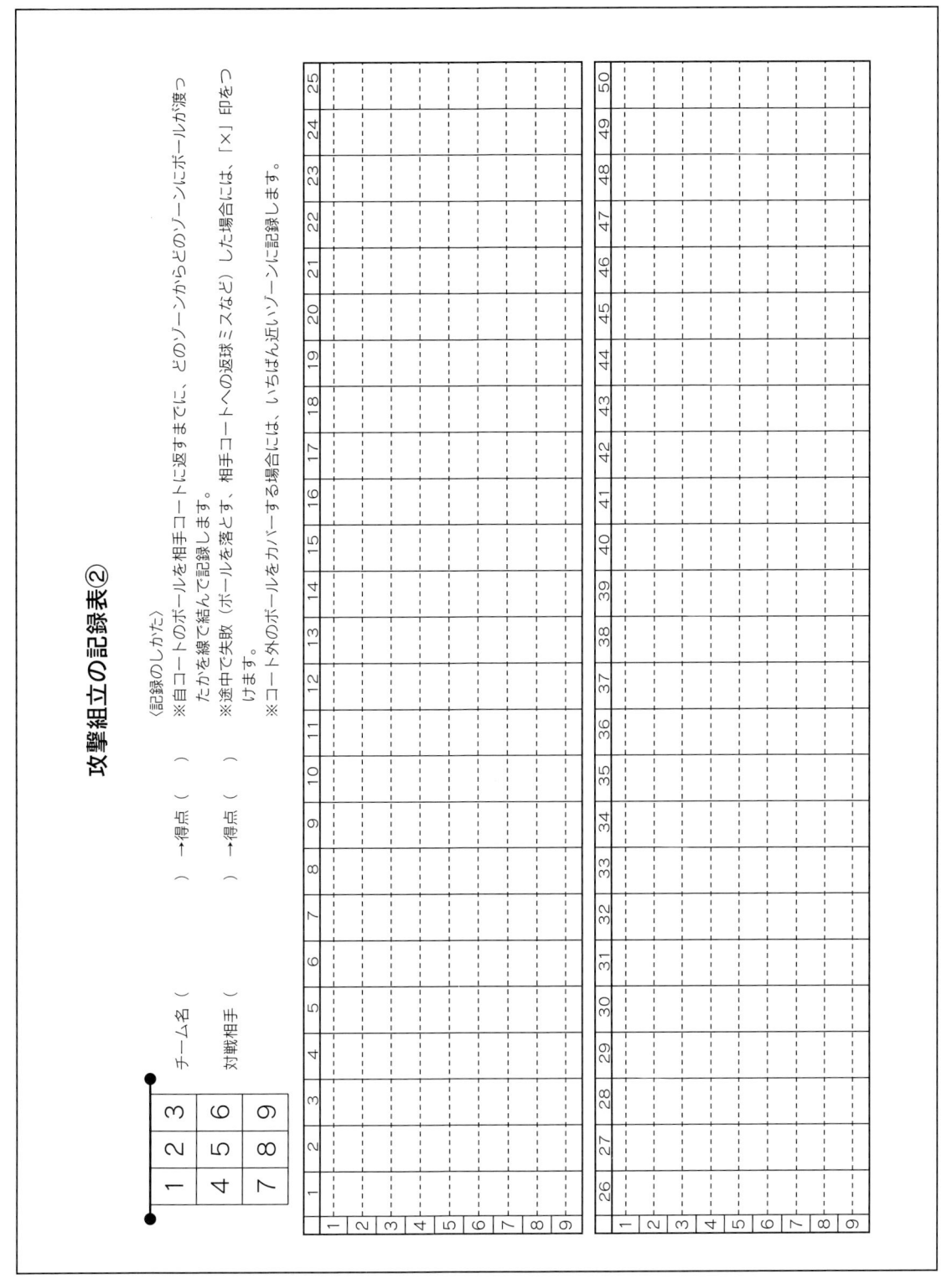

1	2	3
4	5	6
7	8	9

〈記録のしかた〉

※自コートのボールを相手コートに返すまでに、どのゾーンからどのゾーンにボールが渡ったかを線で結んで記録します。

※途中で失敗（ボールを落とす、相手コートへの返球ミスなど）した場合には、「×」印をつけます。

※コート外のボールをカバーする場合には、いちばん近いゾーンに記録します。

図4-14　攻撃組立の記録表2

されていたのかを知ることができます。

■サーブレシーブの記録

　サーブレシーブの良否は、ゲームの勝敗に影響を及ぼす最も大きな要因です。いくら優れたアタッカーがいても、サーブレシーブがうまく処理されなければ、アタッカーが仕事をすることができないからです。

　この記録表では、チームのサーブレシーブの様子を次の記号で記録していきます（図4-17参照）。

◎：セッターの定位置に返球し、それをセッターがオーバーハンドで受けた。

○：レシーブされたボールをセッターが定位置から移動して受けた。
　　または、セッターの定位置ではあってもアンダーハンドで受けた。

△：レシーブされたボールをセッター以外のプレイヤーがカバーした。
　　または、レシーブが直接相手コートへの返球となった。

×：サービスエースをとられた。

　ゲーム後、次の計算式を用いてサーブレシーブ貢献率を算出します。

$$\frac{(◎+○)-(△+×)}{◎+○+△+×}\times 100\ (\%)$$

以上のデータは、チームの個々のメンバーについて算出することもできますし、より簡便に記録するなら、チーム全体の記録として算出してもよいでしょう。

名前	サーブレシーブ ◎	○	△	×	合計	貢献率
山本	9本	3本	1本	0本	13本	85%
高田	4本	10本	2本	1本	17本	65%
市川	6本	7本	4本	1本	18本	44%

図4-17　サーブレシーブの記録表の記入例

サーブレシーブの記録表

チーム名（　　　　　　　　　）　　→得　点（　　　　　）
対戦相手（　　　　　　　　　）　　→得　点（　　　　　）

名　前	サ　ー　ブ　レ　シ　ー　ブ				合　計	貢献率
	◎	○	△	×		
	本	本	本	本	本	％
	本	本	本	本	本	％
	本	本	本	本	本	％
	本	本	本	本	本	％
	本	本	本	本	本	％
	本	本	本	本	本	％
	本	本	本	本	本	％
	本	本	本	本	本	％
	本	本	本	本	本	％

記号 ◎…セッターの定位置に返球成功、セッターがオーバーハンドで受けた。
　　 ○…セッターが定位置から移動してカバー、または定位置でアンダーハンドで受けた。
　　 △…セッター以外のプレイヤーがカバー、またはサーブレシーブが直接相手コートへ。
　　 ×…サービスエースをとられた。

計算　→　貢献率 $= \dfrac{(◎+○) - (△+×)}{(◎、○、△、×の合計)} \times 100$ （％）

図 4-16　サーブレシーブの記録表

● あ と が き ●

　本書のきっかけは、「バレーボールの授業のための本を書こう」という福原先生から掛かってきた電話でした。このお誘いは、体育の授業研究に携わってきた私に大きな希望と活力を与えてくれました。

　かつて私たちは、本書と同様のコンセプトを持つ『バレーボールの練習プログラム』（1997年、大修館書店）という本を出版し、お陰様で多くの方々に手にしていただくことができました。しかし、その後、バレーボールのオフィシャルルールが「ラリーポイント方式」に変更されたり、小学校の学習指導要領に「バレーボール型ゲーム」や「ソフトバレーボール」が導入されるなど、バレーボールの置かれた状況は大きく変化してきました。それにともなって、体育授業でバレーボール（型ゲーム）を扱うためのすぐれた教材を新たに開発することが必要になってきたのです。

　ここで私たちが最も意識したことは、選手の競技力向上ではなく、体育授業を受ける子どもたちに確かな学びを保障することでした。それを直接的に担う現場の先生方や教員養成課程の学生たちが授業づくりを進める上で、いったいどのような情報が必要なのか、熟慮を重ねて精選したのが本書の内容です。本書のアイディアに基づくバレーボール（型ゲーム）のすぐれた授業実践が広がり、「ボール運動（球技）大好きっ子」がどんどん増えていくことが、著者の大きな願いです。

　ひとつ残念なのは、本書執筆の途中、福原先生が体調を崩され、十分なお力添えをいただくことが叶わなかったことです。茨城県と宮崎県という遠距離の問題は、電子メールという便利なツールを用いて何とか凌ぎましたが、所期の目的を達することは、私の力量を遙かに超えていました。福原先生には一日も早いご回復をお祈りいたします。

　本書 Part IV の執筆にあたっては、株式会社藤栄と株式会社ミカサより、製品（ボール）の写真掲載をご快諾いただき、内容を充実させることができました。

　最後に、小著の出版に際しては、企画段階から最終校正に至るまで、大修館書店の綾部健三氏に一方ならぬご尽力をいただきました。衷心より御礼申し上げます。

平成 17 年 9 月
鈴　木　　理

■著者紹介

福原祐三（ふくはら　ゆうぞう）
1944年、岡山県生まれ。東京教育大学体育学部体育学科卒業。現筑波大学教授。
◇専門分野：コーチング学
◇主な著書：『バレーボールの練習プログラム』（共著・大修館書店）、『アタックユウジ』（共著・文渓堂）、『バレーボール：ステップアップスポーツ』（共著・池田書店）、『SPORTS：高校生のスポーツ　総合版』（共著・学習研究社）、『バレーボール：現代スポーツコーチ実践講座』（ぎょうせい）、『ママさんバレーボール』（共著・成美堂出版）

鈴木　理（すずき　おさむ）
1967年、神奈川県生まれ。筑波大学体育専門学群卒業、筑波大学大学院体育研究科修了。現宮崎大学助教授。
◇専門分野：体育科教育学
◇主な著書：『体育の授業を創る』（分担・大修館書店）、『体育科教育学の探究』（分担・大修館書店）、『バレーボールの練習プログラム』（共著・大修館書店）、『体育科教育学入門』（分担・大修館書店）、『体育授業を観察評価する』（分担・明和出版）、『戦後体育実践論』（分担・創文企画）

みんなが主役（しゅやく）になれるバレーボールの授業（じゅぎょう）づくり
©Yuzo Fukuhara, Osamu Suzuki 2005
NDC783　104P　26cm

初版第1刷　2005年 11月 10日

著　者────福原祐三　鈴木　理
　　　　　　　ふくはらゆうぞう　すずき　おさむ
発行者────鈴木一行
発行所────株式会社大修館書店
　　　　　　〒101-8466　東京都千代田区神田錦町3-24
　　　　　　電話 03-3295-6231（販売部） 03-3294-2358（編集部）
　　　　　　振替 00190-7-40504
　　　　　　［出版情報］http://www.taishukan.co.jp
　　　　　　　　　　　　http://www.taishukan-sport.jp（体育・スポーツ）

装丁────阿部彰彦
本文レイアウト────加藤　智
イラスト────阿部彰彦
章扉写真協力────芳賀修一
印刷所────横山印刷
製本所────司 製本

ISBN4-469-26585-3　Printed in Japan
Ⓡ本書の全部または一部を無断で複写複製（コピー）することは、著作権法上での例外を除き禁じられています。